PAUL BLUYSEN

SÉNATEUR DE L'INDE FRANÇAISE

NOTES DE VOYAGE

sur

La Route des Indes

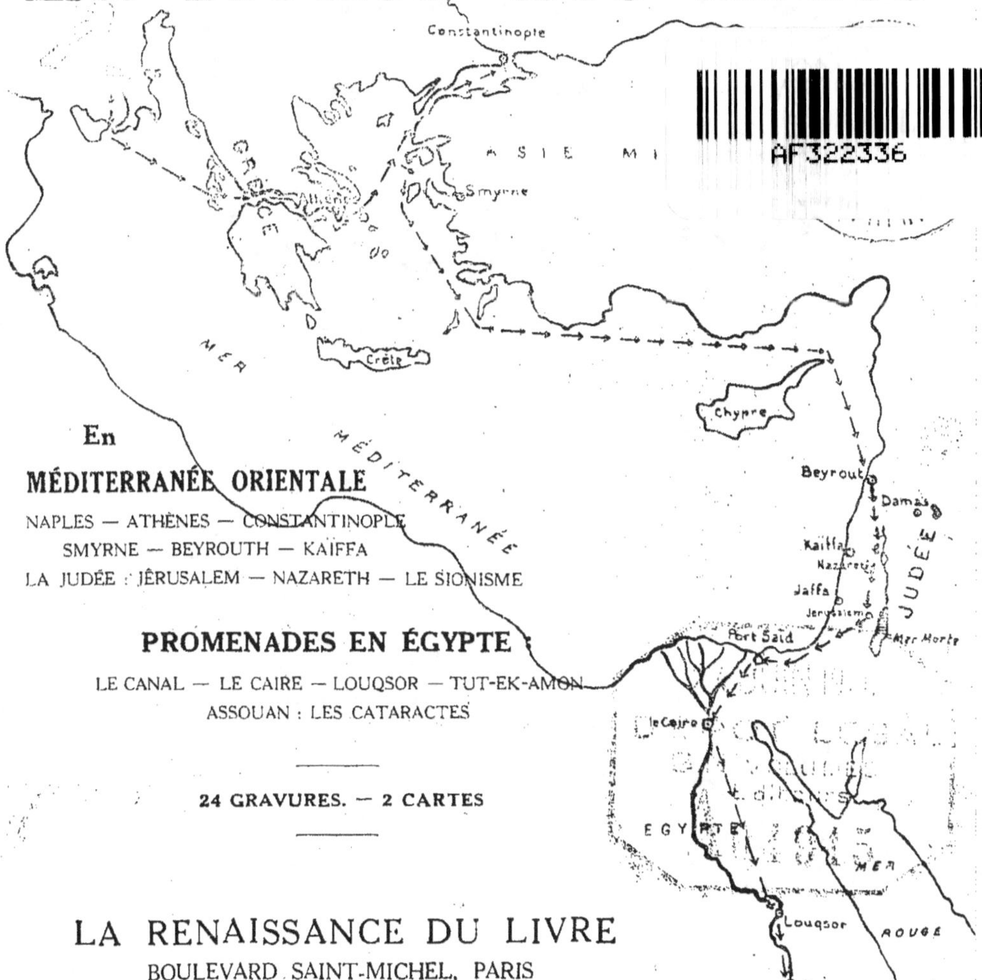

En

MÉDITERRANÉE ORIENTALE

NAPLES — ATHÈNES — CONSTANTINOPLE
SMYRNE — BEYROUTH — KAIFFA
LA JUDÉE : JÉRUSALEM — NAZARETH — LE SIONISME

PROMENADES EN ÉGYPTE

LE CANAL — LE CAIRE — LOUQSOR — TUT-EK-AMON
ASSOUAN : LES CATARACTES

24 GRAVURES. — 2 CARTES

LA RENAISSANCE DU LIVRE

BOULEVARD SAINT-MICHEL, PARIS

———

Sur la Route des Indes

Paul BLUYSEN

Sénateur de l'Inde Française

NOTES DE VOYAGE

Sur la Route des Indes

EN MÉDITERRANÉE ORIENTALE

NAPLES — ATHÈNES — CONSTANTINOPLE
SMYRNE — BEYROUTH — KAÏFFA — LA JUDÉE :
JÉRUSALEM — NAZARETH — LE SIONISME

PROMENADES EN ÉGYPTE

:: LE CANAL — LE CAIRE — LOUQSOR ::
TUT-EK-AMON — ASSOUAN : LES CATARACTES

60 GRAVURES. — 2 CARTES

LA RENAISSANCE DU LIVRE

BOULEVARD SAINT-MICHEL, PARIS

AVANT-PROPOS

LA ROUTE DES INDES

Pourquoi ce titre : la Route des Indes, *s'agissant de la Méditerranée orientale et de l'Égypte ?*

Parce que, dans mon esprit, de longue date, et dans la réalité des faits récents, cette route est la principale directive de la politique mondiale, et surtout de la politique anglaise.

Gibraltar, Malte, Chypre, Kaïffa, Jaffa, Port-Saïd, Suez, sont les escales où, avec leur hinterland, cette politique prend les plus forts points d'appui.

Elle est la seule que puisse suivre tout gouvernement de Sa Majesté Royale et Impériale. Elle conduit au cœur de la puissance britannique, qui est essentiellement d'ordre commercial, en plus de l'amour-propre séculaire de la race.

Si Manchester, Liverpool, leurs ports et leurs ateliers ne travaillaient plus pour l'export et l'import ; si leurs lieux coutumiers d'échanges de cotonnades, métaux, céréales, minerais, qui sont le Haut-Soudan, Bombay, Kuratchy, en un mot, l'immensité de l'Empire anglo-hindou, ne restaient pas largement accessibles et ouverts, c'en serait fait de la richesse nationale; la Grande Flotte ne servirait de rien, n'ayant plus d'adversaires au nord et à l'est de l'Europe, et le nombre des chômeurs, déjà si impressionnant, irait croissant.

Conservateurs, libéraux, travaillistes tendent dans ce sens toutes leurs volontés, unies devant un pareil danger.

Il nous faut d'abord constater cette vérité, sur place. Le patriote avisé que fut Théophile Delcassé l'avait pressentie; l'affaire de Fachoda, qui lui fut si cruelle, comme à nous tous, lui avait ouvert les yeux; il avait perçu le sursaut du « léopard » menacé, presque atteint dans ses œuvres vives, et il avait préparé la France à prendre une attitude dont la dignité devait être en harmonie avec ses intérêts et ses moyens.

D'une part donc, Delcassé cédait, la mort dans l'âme, à la pression de Fachoda; il n'ignorait pas qu'une guerre entre les grands peuples riverains de la Manche eût constitué, pour les deux, un désastre; il recherchait, au contraire, l'amitié britannique et s'efforçait de lui donner une sanction pratique.

D'autre part, sans forfanterie, il groupait dans la Méditerranée nos escadres, qui étaient alors respectables, et il invitait le Président de la République à passer la revue navale de Toulon, en 1912. Il donnait au monde l'impression de notre force, unie à un désir sincère de paix.

En même temps, Delcassé tournait ses regards vers notre Afrique, vers le Maroc, où le génie créateur de Lyautey se révélait, et il obtenait d'y établir tranquillité, sécurité et facilités de communications commerciales et militaires.

C'était une politique française, au regard de la politique anglaise. Elle était acceptée loyalement des deux côtés. Elle n'a pas cessé de s'imposer à nous.

Moins que jamais, aujourd'hui, pour la France, gênée par la dette non payée de l'Allemagne, gênée par l'aventure riffaine qui était à prévoir, il est question de barrer la route anglaise des Indes (pour nous, celle de l'Indochine). Nous avons le plus haut respect des amitiés scellées sur les champs de bataille, puis à Locarno, et nous ne sommes plus maîtres de l'heure.

Il n'est pas davantage question pour la France de chicaner sur les faits accomplis, mais elle doit voir clair et tenir, avec fermeté et modération, le rang que son histoire, sa légitime fierté et ses intérêts matériels n'ont pas cessé de lui assigner.

C'est un souci « d'équilibre » et non une âpreté de convoitises qui doit régler les entreprises des deux nations, tout au long de la Route des Indes.

Chimère? Non, si nous le voulons, étant avertis; si nous ne demeurons pas les bras croisés devant l'hégémonie britannique, quoique celle-ci se soit déjà assuré d'appréciables avantages et sûretés.

⁓❦⁓

*« **Vues sur** » la route.* — *C'est ce que j'ai recherché, au cours du voyage que je viens de faire, en un mois et demi, d'escale en escale de la Méditerranée. Je me suis informé, en touriste avisé de ces choses, et non en homme politique, membre du Parlement, et je mets simplement au net, dans les pages qui suivent, mon carnet de notes quotidiennes. Je n'y apporte aucun amour-propre littéraire, aucun parti pris; j'y emploie simplement mon*

acuité observatrice de « vieux reporter » et, chemin faisant, je recueille et je confie au papier, avec des souvenirs, des Vues sur... tout ce que je rencontre et je regarde (1).

Cette originale expression de métier journalistique, Vues sur..., je la dois à mon cher maître Eugène Spuller, qui me l'a, en quelque sorte, léguée, avec son enseignement démocratique et patriote.

Eugène Spuller, orateur puissant et publiciste fécond, grande figure de l'Histoire républicaine, avait été invité à présider l'inauguration de la statue de la République à New-York, en 1889. Il me fit l'honneur d'emmener avec lui son jeune collaborateur de la République Française, que j'étais alors. On toasta éloquemment, sans réticences ; le régime sec et la domination du dollar ne sévissaient pas.

Au retour, sur le paquebot, Eugène Spuller, m'apercevant, rêveur, devant des feuillets noircis, auxquels faisait défaut le titre, s'approcha et me dit, avec la bienveillance que les hommes de sa génération témoignaient aux débutants : « Jeune homme, je crois que vous cherchez votre intitulé ? Moi, dans ce cas, je n'hésite pas, j'écris : Vues sur... Ainsi, Vues sur l'Amérique... » Et il s'éloigna, souriant et gentiment narquois.

J'ai retenu le mot et j'ai pris force Vues sur... l'étendue du globe presque entier. Voici les dernières peut-être. Elles

---

(1) Cf. REPORTAGES ET ARTICLES : *Le Voltaire ; La République française* (1885-1893) ; *le Jour* (1891-1894) ; *Journal des Débats* (1893-1910) ; *le Correspondant ; le Magasin pittoresque ; le Figaro ; Actualités.*

LIBRAIRIE : *A Copenhague ; Paris en 1889 ; Mes amis les Hindous ;* etc.

reflètent quelque hâte, qu'on dira « superficielle », quelque ignorance. Gros défauts ? On les excusera parce qu'elles sont inspirées par un amour passionné de mon pays républicain, par le souhait de le voir estimé et respecté partout, comme quatre ans de cette guerre qu'il a gagnée pour l'humanité lui en ont donné le droit.

Il subit en ce moment l'épreuve du franc, qui baisse de plus en plus. Plaie d'argent qui n'est pas mortelle, car il peut puiser une vigueur nouvelle dans la fierté de ses sacrifices même. Et chacun de nous, autant qu'il est en lui, a le devoir de l'y aider, en France et hors de France.

En Croisière des Messageries Maritimes. *Les questions de bien-être ne sont pas indifférentes pour asseoir un jugement sur ce qu'on observe ; les Vues semblent alors plus limpides, l'esprit libéré avec le corps plus à l'aise.*

C'est donc une Croisière qui me conduira de port en port, et de ville en ville, à travers la Méditerranée orientale, jusqu'en Haute-Égypte et retour. Il n'est pas, pour un Français, de moyen plus pratique et plus avantageux de voyager, par ce temps de change si lourd et si peu justifié.

Le Français, livré à lui-même, à ses propres ressources, verrait aussitôt celles-ci diminuées de telle sorte qu'il rebrousserait chemin au bout de quelques débarquements. Dans cet

Orient, comme au delà, le coût de la vie locale est égal au coût de l'existence en France ; mais il s'augmente et du change et d'une exploitation du passant, contre laquelle il n'est pas d'autres remèdes que l'autorité et le contrôle d'un pouvoir organisateur, un « pouvoir fort ».

La Compagnie des Messageries Maritimes en tient admirablement le rôle, qui serait si bienfaisant pour la propagande de notre influence et la démonstration de notre véritable état social, s'il s'exerçait également, selon les mêmes idées, sur tout notre domaine colonial et africain. La Compagnie des Messageries Maritimes, autant que son rayon de navigation normale le lui permet, accomplit cet effort français de façon à lui donner tous bons effets patriotiques et, à ceux qui lui font confiance, toute satisfaction.

Le programme d'exploitation de ses lignes, dites contractuelles, jusqu'en Indochine, en Nouvelle-Calédonie, etc., est conçu et appliqué dans cet esprit. Tous ses agents, métropolitains et extérieurs, s'en inspirent au mieux, et le pavillon français occupe ainsi, dans cette partie du globe, une place haute et enviée des nations rivales.

Quand la question du privilège s'est présentée devant le Parlement, sous la forme de convention à passer pour les lignes contractuelles, c'est-à-dire pour celles qui comportent des charges publiques, poste, transport de fonctionnaires, parcours secondaires forcément déficitaires, le Parlement a compris qu'il est de l'intérêt réel du pays que les communications avec les « au-delà de Marseille » soient assurées dans des conditions de régularité, de confort, voire d'honorabilité du pavillon.

La France ne pourrait laisser l'Angleterre, le Japon, l'Italie, maîtresses de ces mers, où elle a eu de tout temps un bon renom de représentation maritime. L'État s'est donc associé, si l'on veut, à la Compagnie, pour partie. Il garantit ses pertes ; celles-ci sont, encore, pesantes pour nos budgets, mais l'enjeu en vaut la peine. Au surplus, on remarquera que les évaluations desdites pertes, faites il y a dix ans, au taux de la livre à 25 francs-or, sont encore telles, aujourd'hui, en francs-papier.

Vieux colonial, fier de toute collaboration donnée à nos colonies, j'applaudis celle-là et j'applaudis également le succès de l'entreprise, annexe, des Croisières faites par la Compagnie, pour la Méditerranée orientale et pour l'Indochine ; elles déchargent le voyageur du moindre souci, du moindre embarras, à bord et à terre. Le Chef de croisière qui a du tact et de l'entregent, dirige la caravane, qui se compose, en moyenne, d'une quarantaine de personnes.

Pour la nôtre, c'est le chiffre. Nous sommes, chose extraordinaire, en majorité Français : gens bien élevés, aimables autant qu'il convient, sans gêner le voisin ; vieilles dames, vieux messieurs qui ont des loisirs ; jeunes gens qui désirent s'instruire et qui dévorent force Guides et force livres de grands écrivains.

Les journées coulent, doucement, confortablement, à bord d'excellents bateaux. Le nôtre est le Lamartine, un ex-paquebot russe qui a un frère, pour le retour, le Pierre-Loti.

A terre, nous imitons les Anglais, joie nouvelle pour nous, que nous n'osons pas nous offrir à Paris ; nous emplissons des autos, des cars, des palaces ; nous sommes « la France qui se montre ». Pourquoi pas, à notre tour ?

Tout va bien et tout ira bien, jusqu'au retour (1).

P. B.

(1) On trouvera plus loin, au chapitre IX, consacré à la Syrie, le programme détaillé d'une « ligne automobile » qui a été créée entre Beyrouth, Bagdad et Bombay, par une Compagnie anglaise et la Compagnie des Messageries Maritimes.

Sur la Route des Indes

EN MÉDITERRANÉE ORIENTALE

CHAPITRE PREMIER

ESCALE A NAPLES

Dolce Napoli ! *O dolce Napoli !* tu es toujours la *sempre bella* de nos escapades d'étudiants, plus tard de nos voyages d'études et de noces... La *signorina* et la *contessina*, aux yeux vifs et langoureux, sont aussi trépidantes et aguichantes, virevoltant sous l'agile tambourin, aux sons de la mandoline et de la guitare qui pleure ou qui scande la *Santa Lucia*, la *Margherita* et toutes les *canzone*, vieilles et récentes, sur rythme identique, de *Piedicrocche*, Conservatoire napolitain des chanteurs en plein vent, qui vont, nuit et jour, de l'auberge, avec sa tonnelle de citrons et de pampres, à la façade insolente et peinturlurée des palaces pour « Anglais »...

On dit, constamment, « Anglais » pour désigner les

forestieri, les étrangers. On sait — et on s'en réjouit — qu'il y a bon nombre d'Allemands dans les caravanes anglo-saxonnes ; mais on n'en parle plus, depuis surtout que Mussolini vient de les secouer, face à Streseman. Même, tout à l'heure, un « Napolitain moyen », que ma voiture a aveuglé de poussière, m'apostropha : « German... ». — « Va donc, hé !... »

Dolce Napoli, tu as gardé intacte ta *marina,* non pas l'aristocratique, la *superbissime,* qui, en effet, est un admirable éventaire, en vaste cercle, de demeures riches, d'hôtels princiers, de magasins luxueux, avec, au milieu, autour d'une statue équestre, l'espace verdoyant, nécessaire, d'un square bien ordonné, peuplé de palmiers et d'orangers... Sur la droite, la silhouette moyenâgeuse d'un fort, selon les règles d'une belle mise en scène d'opéra, et, plus loin, le cône du Vésuve, où les yeux se reportent sans cesse, pour découvrir l'éruption espérée des touristes. Espérée, aussi, d'une partie de la population, car, s'il est des Vésuviens qui déménagent un peu vite, les autres gagnent, à les hospitaliser et, avec eux, les badauds affluent... De plus, la cendre et la pierre de lave fournissent des matériaux perpétuellement à portée de main-d'œuvre, car on construit beaucoup, comme partout, et il y a, aussi, la crise du logement.

La marina. Tout cet éclat de la nature et des architectures constitue déjà un patrimoine national... Mais il faut de l'or, beaucoup de *lire,* qui

Ruines à Pompéï.

ATHÈNES. — Temple de la
Victoire Aptère.

ATHÈNES. — Olympieion.

ATHÈNES. — Les Propylées.

montent, pour le goûter pleinement dans les palaces...
Tandis que ton autre richesse, Amie napolitaine de mes
jeunes années, elle est là, aux rives du vieux port, sur
cette *marina*, qui est le libre rendez-vous de tous les pouil-
leux, fainéants, travailleurs, femmes du peuple, bambini,
mères et filles vêtues d'une camisole bleue, d'une jupe rose
déteint, d'un fichu brodé de jaune, avec les cheveux
gras, la face éclairée de deux trous brasillants. *Lazzaroni*,
pêcheurs, débardeurs, cireurs, curés coiffés d'un tri-
corne, ayant le « pas ecclésiastique », feutré, qui se
glisse dans les groupes gesticulants autour de dix tas de
matières gluantes, — les poissons, les coquillages, les
algues comestibles, bleu d'azur, bleu foncé, rouge pom-
péien, bronze doré, qu'on vient de débarquer de la balan-
celle, là, à même la pierre du quai ... « *Frutti di mare,
Signor.* »

Et de crier, de « causer » peut-être, seulement ; de gesti-
culer, d'esquisser un rond de jambe sur la tarentelle qu'eles
musicanti, accourus aussitôt, jouent frénétiquement. Au-
dessus, les façades ont cette polychromie des *frutti di mare*
et des petits paniers de fruits, *giardinetti*... Elles sont
d'un modèle identique, carrées, hautes, percées de fenêtres
étroites, et non pas peintes (elles le furent, sous les Romains
ou les Bourbons?), mais salies par des fresques délayées,
rosâtres, verdâtres, bleuâtres... Et, sur toutes, s'échappent
de leurs guillotines, défenses contre le soleil, des loques
semblables, chemises sans pans, caleçons unijambistes,
serviettes trouées... Le linge, le trésor de chaque famille,
sèche ainsi, lavé on ne sait où, dans cette fange du port,

jamais rentré dans des armoires, parce qu'il n'en existe pas sans doute...

La bise s'est levée et agite, entremêle ces guenilles qui semblent près, telles une voilure aux mille déchirures, d'emporter le quai entier, en une envolée multicolore... Presque tout Naples, du reste, lave et entretient ainsi son trousseau, aux faubourgs comme dans beaucoup de grandes voies publiques.

Au bas des maisons, encore, les *trattorie* ; les *salone* de coiffeurs, aux portes garanties contre le soleil par des lattes de bambou jaune ; les échoppes de savetiers, les marchands de fritures ; les marchands ambulants de fausse écaille, porte-monnaie et lorgnettes qui se reposent de leur chasse à l'Anglais ; des *bambini* qui jouent à la marelle, un caillou de lave sur le grès blanc, et qui piaillent comme aucun être humain ne sait piailler, qui s'expriment par cris, — ténors ou barytons de demain...

Et, aussi, des gaillards demi-nus, au torse d'airain, qui sont accroupis, sur de gros cailloux, en face les uns des autres ; ils ont des cartes dans la main gauche et ils gesticulent de la droite, en ouvrant et fermant les doigts qu'ils projettent vers la face de leur adversaire, au risque de l'aveugler : « *Cinque, quatre, tre.* » L'adversaire riposte ; l'autre pare : *ottavo*... Sa dextre rafle l'enjeu, du billon et des billets de *forestieri*, déposé entre eux... Ce sont des seigneurs qui jouent à la *morra*, au jeu qui repose sur la confiance ; — là également la *confiance* !...

A l'écart, enfin, les béats de ce monde, ceux qui dorment, état social enviable, affalés, amollis, de tout leur être fatigué de ne rien faire d'autre que de donner un coup de main de débarquement aux balancelles, d'où ils tirent la botte de macaroni à la tomate qu'ils arroseront d'une bolée de vin noir de Sicile ; les dockers et lazzaroni, qui deviennent terribles lors de leurs réveils, syndicalistes et politiques.

Quoi encore ? Ceux qui rêvent, peut-être, les yeux errants, vides, attendant la musique, prochaine, ou les *soldi* providentiels... J'en revois un, — où est-il cet ancêtre ? — qui « faisait le commerçant » comme *ils* disent en notre Provence ; dans les délices du plein air et du farniente, il était à croupeton, adossé au mur chaud, le pantalon retroussé aux genoux, les pieds nus ; devant ceux-ci, il avait placé une paire de bottines, les « siennes », ou plus vraisemblablement deux *croquenots* américains, à larges semelles, ornés de gros boutons... Les séchait-il ? Non, Signor, il les offrait ; il espérait l'acheteur de passage. C'était son fonds. S'il ne le vendait pas, il rentrerait dedans, à la nuit tombante.

Voilà la *marina*, immense, pleine de sons et de truculence, au milieu aussi d'odeurs qu'on ne respire qu'en ces lieux; l'odeur de safran et d'ail, de Marseille, décuplée, surchauffée, aggravée des souffles alcalins qui s'échappent, par bouffées, des venelles perpendiculaires au quai, les *viccoli*. D'hygiène, de nettoyage, d'égouts, nul souci. Le vent de mer balaie tout, le soir venu. Et il semble permettre, voire favoriser, comme s'il transportait un pollen humain, une pullulation effroyablement dense et sans limites.

Bénie sois-tu, Santa Madona della Annunciata, della

Torra, della Resurreccione... et de partout, Santa Madona dont l'icône bleu et rose s'abrite, en chaque kilomètre du chemin, sous une niche grillagée, où brûlent quelquefois des cierges, au-dessus de ce mot magique : *Elemosina*... Aumône... Sport national !

Bénis soyez-vous, saints Antoine, Augustino, Paolo et surtout toi, San Gennaro, saint Janvier, le plus populaire de la sainte tribu, qui, dans la ville, occupes un sanctuaire spécialement vénéré, où une ampoule de cristal contient ton précieux sang !... Au début de l'an, une cérémonie pour laquelle les moribonds se dressent sur leurs grabats porte la population entière, *contessine* et ruffians, vers cette ampoule miraculeuse. A l'heure dite, ce sang doit revivre et bouillonner. Des milliers et des milliers d'yeux le guettent, peuple à genoux, à plat ventre, jusque dans les ruelles avoisinantes. « *Evviva ! Santo sacratissimo !* » Le miracle s'est accompli. Le sang a « remué », ou bien, par malheur, il se fait désirer... « Santo, que fais-tu donc ? Hou ! hou ! Eh ! eh ! » La foule se lamente, pieusement, anxieusement. Est-ce que l'*elemosina* est trop maigre ? Enfin, *ecco il miracolo*...

Bénis donc soyez tous, vénérables témoins et acteurs de ces élans de foi médiévale, pourquoi pas respectables ? San Antonio, à Padoue, fait aussi bien, en rendant les objets perdus... Bénis de m'avoir conservé cette *marina*, asile de truands et de grands seigneurs du bien-être au soleil ! Bénis de le protéger du choléra, de la peste, de la typhoïde, bénis de remplacer par votre haleine auguste et quasi divine nos médicaments modernes, la seringue à piqûres des

Instituts Pasteur et d'écarter de Naples les charmes
savants de l'urbanisme !

Police secrète et officielle. Malheureusement, *o dolce Napoli!* on a changé quelque chose en toi : c'est dans la cordialité ancestrale, dans la familiarité simple et franche de ton accueil de jadis. Que la *lira* grimpe, à l'échelle du change, tant mieux pour l'Italie sérénissime et impériale. L'envie ne me ronge pas, encore qu'il soit désagréable, de toutes manières, de voir notre franc, loyal et sûr, malgré les apparences, surclassé de 15 p. 100 par sa rivale d'Outre-Apennins... Mystères de la Bourse !

Mais, ceci admis, Naples, et avec elle tout le royaume (car je sais, par expériences autres, qu'il en est de même dans la Botte entière) ne devrait pas être soupçonneuse, surtout vis-à-vis de nous, frères de France, douce aussi, frères d'armées et de races. Or, l'hospitalité italienne, traditionnelle, zézéyante et souriante, est en train de se gâter. Attention, *fratelli*. Nous resterons chez nous, où vous savez, du reste, qu'il fait clair et bon. Police, fisc et pourboires nous éloignent de l'Italie.

Exemples, sans discussion possible :

Police : ce vendredi 26 février à 5 heures du soir, en pleine Naples, deux de nos compagnons de voyage, l'homme jeune, portant beau, bien Français d'aspect, décoré, parbleu ; la jeune femme, fine silhouette, d'une élégance sobre et plaisante, passent doucement en auto. Un *quidam*, dont il est difficile de préciser le costume et le rôle officiel, fait stopper. Le chauffeur obtempère ; colloque. Le quidam réclame des papiers ; il se refuse à converser en anglais ; le chauffeur le laisse monter et conduit l'auto au poste. Un agent, galonné celui-là, admet qu'on cause en français, quoiqu'il ne lui semble pas, dit-il, que ces *forestieri* soient de Paris ; ils doivent être au moins blanchis à Londres... Enfin, voyons passeports. « En règle. Bien. Continuez. *Salute.* » Correction ; pas de regrets. Erreur.

Il y a, direz-vous, un Consul général français? Bast ! Nous, Parisiens, qui accueillons et conservons des indésirables par dizaines de mille et qui leur permettons de cambrioler nos hôtels et bijouteries, nous haussons les épaules et tournons la page. Tout de même, ce fut hasard que mes amis eussent leurs passeports en poche, faute de quoi le bateau serait reparti sans eux.

Gaîtés du fisc. A la même heure, nous prenions le thé dans une pâtisserie de la Galerie Umberto, vaste cage de verre, dans un quartier effectivement élégant et très animé. Pâtisserie de second premier ordre. Musique du Casino de Joinville-le-Pont. Thé, deux gâteaux par tête. Total : 10 lire. C'est aussi cher que dans nos « Jardin de ma sœur », ou « Chez Tata ». Enfin, rien à dire, mais voici le fâcheux : 3 lire 50 de taxe en plus. Soit 33 p. 100. On retrouve ce taux, impôts divers (j'ai pris et vérifié facture), dans tous les hôtels, restaurants, magasins, etc... 33 p. 100. L'Italien, lui, n'y échappe peut-être pas, mais il est sobre ; d'autre part, s'il voyage, il fréquente l'*albergo*, l'auberge, second ordre, où la taxe, m'assure-t-on, est moindre ou ne joue plus. Elle est au plein pour l'étranger.

Que ne faisons-nous de même en France?

Pourboires. De la pâtisserie, nous sommes allés rejoindre des amis, en leur palace. La visite faite, nous traversons le hall si majestueux, aux marbres veinés, aux moulures d'or, aux stucs délicats, Il est vide ; dans les coins, des couples d'Anglais lisent, comme sous toutes latitudes mondiales, des revues de sports... Ce n'est pas l'heure de *Santa Lucia*. Nous glissons vers la porte-tambour ; soudain, ainsi que de boîtes de tir aux pigeons, dix corps sortent de l'ombre, dix habits noirs se rangent en file. C'est le personnel qui réclame. On nous a pris pour des clients qui se défilent. Les torses sont courbés, les voix gémissent : « *Buon voyage, Grazia, Signor!*...» Encore un pourboire !... Un cinquième du pays tend-il la main, pour le reste sans doute, qui travaille?

C'est trop, amis et voisins d'Italie.

On nous explique pourtant que le fascisme a purifié les âmes et les mœurs et rétabli la prospérité générale. Nous en recauserons.

CHAPITRE II

VUES SUR LE FASCISME

Causons plutôt sur-le-champ du fascisme, de ce problème sur lequel je me suis si fréquemment penché avec des anxiétés et des colères. Ma vieille barbe de démocrate incorrigible, encore qu'elle soit calamistrée, a des hérissements et mes ongles s'enfoncent dans ma paume quand les journaux me transmettent, à Paris, tant de gesticulations, de fanfaronnades, de *calinotades* fascistes... Et tant de faits, en apparence graves, aussi... Du calme, mon bonhomme. Il serait cruel, et injuste peut-être, d'imprimer, au milieu de notes mi-ironiques, mi-sérieuses, des appréciations violentes, qui seraient contraires aux lois d'hospitalité et qui attenteraient, si peu que ce fût, au respect de l'amitié sincère éprouvée pour l'Italie constitutionnelle ou républicaine, par un Français et un républicain de roche. Gambetta était d'origine génoise ; Eugène Spuller, Ranc, tous mes maîtres s'enthousiasmaient pour l'irrédentisme, le garibaldisme...

Quelle peut être la vie d'une nation sous un tel régime d'emphases et d'attentats contre les libertés et contre les personnes ? Je m'en étais entretenu déjà, en Italie. avec plusieurs agents diplomatiques, avec des Français, aussi, qui font de fréquents séjours dans le pays entier. Ici, également. Les deux impressions se confirment. L'aspect de tout, êtres, voies publiques, monuments, est calme, hormis les jours de fêtes, de commémorations et de préparation d'opérations de police pour assurer la permanente domination du parti. Il y a, au mur, des affiches de théâtres, de publicité ; pas un placard politique (j'en retrouverai... à Pompéi, datant de la vraie époque romaine). Très peu de « chemises noires » visibles ; des gens, entrant au café, lèvent le bras droit et jettent devant eux, horizontalement, la paume tendue. On n'y prête guère attention. Tous sont affairés, nonchalants, bavards, sympathiques, comme sous tous les régimes.

Mais, cherchez un journal. L'Italie en posséda beaucoup, très importants ; à Naples, c'était un essaim de feuilles ardentes, satiriques, artistiques, dont les titres pittoresques chantent dans ma mémoire : l'*Asino*, le *Ques à Co* ; autre part, les *Corriere*, *Secolo*, *Mattino* et divers, avec lesquels notre *République française* polémiqua fréquemment en des passes d'armes courtoises, contre ou pour Crispi, Giolitti, Salandra, qui sais-je? L'épée abaissée, on se saluait, entre confrères ; on vidait, quand on se rencontrait, une coupe d'*asti spumante*, que notre courtoisie gauloise déclarait égal, sinon supérieur, aux meilleures cuvées de Champagne. Et on le croyait presque, des deux côtés, car on cimentait des amitiés dont on relève les traces dans les comptes rendus de ces banquets d'associations fraternelles et sincères.

Grande époque d'épanouissement des pensées humaines, des effusions des races sœurs. Or il n'existe plus, à proprement parler, de presse italienne ou plutôt, si je ne veux attrister ou froisser quiconque, un régime de compression a supprimé la plupart des quotidiens et a réduit la presse à un concert d'éloges pour l'état de choses actuel, à des insertions de communiqués ou d'articles *inspirés*, je ne dis pas *commandés*, car j'admets, de tous côtés, les emballements et la bonne foi. Je constate, simplement, ce qui fut et ce qui est.

L'Italie eut aussi de fougueux et subtils orateurs, des dompteurs de Parlements et des conquérants de foules ; des lois draconiennes interdisent toute formation d'associations, secrètes ou publiques, et les assemblées législatives sont des squelettes.

L'Italie connut des campagnes d'opposition retentissant dans l'univers entier ; elles visaient des buts très hauts, qui paraissaient inaccessibles et qui furent atteints ; chaque Français s'est réjoui de la création, par le sentiment populaire, de cette unité nationale qui a donné une belle et grande figure, quand même, à ce peuple qui, sans doute, n'a cessé de nous aimer, comme nous l'aimons. Nous ne l'abandonnons pas, lui qui ne peut dire que ce qu'on lui permet ; nous lui crions de toutes nos forces, demeurées vives et intactes, qu'un jour il reverra la lumière, éteinte.

Mais l'opposition ? Elle se terre, et elle a raison peut-être. Les bras tendus à la romaine se terminent, à l'heure tragique, par des poings fermés qui assomment ou des mains crochetantes qui jettent les perturbateurs de l'ordre devant des tribunaux incertains.

Quant aux chefs de jadis, d'hier, aux intellectuels, aux hommes d'action, aux hommes d'État, beaucoup sont assis, pauvres et mélancoliques, au foyer de médiocres hôtels parisiens ou chez des amis français, voire londoniens, qui espèrent toujours, avec eux. Ils ont une noblesse d'attitude et d'allure qui grandit encore, s'il est possible, leur figure d'exilés. Et s'ils parlent, et si notre cœur ému leur accorde un coin de tribune où se faire entendre, ils ont un ton de dignité et de forte critique qui nous secoue, nous, les vieux. A Bruxelles, à Londres et ailleurs, les nôtres, autrefois, ont été tels. Il faut lire, notamment, dans un *Journal des Débats* de ce mois de décembre 1925, une longue lettre sur le fascisme et ses ravages qui est un modèle d'émotion patriotique, de protestation sereine et documentée à la fois. C'est une envolée d'âmes au-dessus des contingences et des misères terrestres qui remplit d'air les poumons.

Mais, le peuple italien, lui, « ne dit rien » ; bien plus, il approuve. Dans ses *comices* ? Laissons de côté des plaisanteries sur les comédies électorales... Approuve-t-il, réellement ? Nul ne le sait... On affirme que ce peuple est heureux ; il boit, mange, dort et s'amuse ; le fascisme, dit-on, a rétabli la prospérité é-co-no-mi-que. Les bateaux sont chargés ; les trains, aussi ; les hôtels, pleins ; la lira est à 110 ; le comte Volpi a remporté d'éclatants succès à Washington et à Londres ; une souscription nationale pour la consolidation de la dette a versé des millions dans les caisses d'un État prévoyant, paternel, réformateur, d'un État qui a supprimé 40 000 (ou 400 000) fonctionnaires et qui va tout droit, auréolé, vers les gloires immortelles de l'Impérialisme méditerranéen, mondial.

J'entends bien. Mazarin disait aussi (et c'était un Italien):
« Ils chantent, donc ils paieront. » Tenez pour certain
qu'ils paient et qu'ils souffrent à leur façon patiente,
insouciante, avec des alternances, des explosions de joie
bruyante et de douleurs comprimées et fugaces. Ils paient
de toute façon, avec leurs libertés, avec leurs droits, avec
leurs lire, avec leur sang, et, les soirs ou les lendemains de
bombances et de congratulations officielles, ils ajoutent,
in petto, des noms de disparus glorieux ou de victimes
dolentes, à leur immense martyrologe politique.

Il faudrait, au surplus, un mois, un an d'études sur
place, combien dangereuses, sous l'œil soupçonneux des
chemises noires, pour établir un tableau exact, véridique,
de l'*état matériel*, économique, de ce grand et laborieux pays,
qui a tant de ressources en soi qu'il semble que, lorsqu'un
Italien foule du pied la terre natale, sacrée, il en fait sortir
un renouveau de vigueur physique et morale. Ce n'est pas
l'heure et le lieu. L'histoire immanente s'écrira, à l'heure
dictée par le *Fatum* antique qui a toujours régénéré ce
peuple.

Mais par quel miracle, volonté, hasard ou chance, ce
fascisme déconcertant et divers s'est-il installé? Qu'est-ce,
en réalité ? Un régime fort, nouveau, merveilleusement
organisé et soutenu ?

**Le filet du
« rétiaire ».** Un de mes amis Italiens, que j'ai rencontré ici, m'a donné avec jovialité une réponse originale à ces questions.

« — Vous avez certainement vu, m'a-t-il dit, dans des music-halls, une restitution du combat antique entre un *rétiaire* et un *gladiateur*, le premier s'efforçant de couvrir le second avec un filet ?

« Et bien, le *fascisme* est comme ce rétiaire ; il a lancé sur tout le pays son filet, qui, s'abattant, a couvert de son réseau salutaire les institutions impuissantes, les individualités tapageuses, les lois inopérantes, les foules qui ne demandent qu'à respirer, en étant conduites par de bons chefs... Vous comprenez. En principe, le fascisme a tout respecté de l'édifice de l'unité italienne ; il la protège seulement. A travers les mailles du filet, où peut-être grouillent des mécontents, peu importe, il circule de l'air, de l'air comme là-haut. »

L'image du *rétiaire* concorde avec ce que j'ai remarqué et retenu.

L'Italie n'est pas détruite par le fascisme ; elle est couverte, par lui, d'un réseau de contraintes ; il a bien fallu, çà et là, abattre ou neutraliser quelques « aspérités », sur le sol : des lois, le gladiateur, une police, une armée, un roi, un pape, des Parlements, des libertés, qui risquaient de faire des accrocs au filet, mais c'était essentiel à l'Œuvre même.

Le fascisme, en somme, s'est *posé sur l'Italie.*

Notez qu'il y a beaucoup de « jolie fantaisie » là dedans. C'est encore du génie latin, qui inventa et subit les Maffias, le Carbonarisme, etc., opérant en pleine intrigue, nocturne et diurne... Les Russes, sanguinaires obtus, ont créé la *cellule*, sombre antichambre des prisons... Des Italiens avisés, ambitieux, traditionalistes, ont préféré le filet, qui a le même effet dominateur, mais qui laisse passer du jour, qui tolère le soleil ou la demi-clarté des belles nuits, scintillantes d'étoiles. *Va bene...*

Et pourquoi le succès ? L'audace et les circonstances favorables, simplement. Il y avait de gros abus, dans un autre sens. Quand le fascisme s'est développé, puis imposé, une crise terrible, née de la guerre, secouait l'Italie. Les usines, les boutiques étaient occupées, pillées par ceux-là mêmes qui les gardent aujourd'hui. Les foules hurlaient des mots inconscients, des *vivva* sans rythme et sans caractère national. Le fascisme a jeté son filet, tel le manteau sur l'ivresse de Noé, et il a dissimulé le tout.

C'est entendu, amis Italiens, mais nous, Français, nous sommes jaloux de nos libertés ; nous les respirons à pleins poumons ; gardez vos mailles ; c'est votre affaire ; ne cherchez pas, surtout, à en imposer l'emploi à vos voisins (1), à l'Europe.

Là-dessus, allons à Pompéi prendre des leçons de dilettantisme !

(1) Voir le discours de M. Mussolini avant son départ pour la Tripolitaine, le 7 avril... Et le discours, empreint d'une si haute philosophie, prononcé à la Chambre française par le Président Briand le 23 avril.

ATHÈNES. — L'Erectheion. — Les Cariatides.

ATHÈNES. — Le Parthénon,

CHAPITRE III

LE SÉNATEUR ROMAIN DE POMPÉI

Course au tombeau. Un pays qui possède cette merveille d'art et d'histoire, parlante aux yeux, qu'est Pompéi, jouit d'un trésor universel, incomparable. L'État italien, s'il ne l'a pas tout a fait créé à la fin du XVIIIe siècle, car les occupants français y ont beaucoup travaillé, l'a du moins développé et l'entretient avec autant de soin que de goût.

Nous l'avons revu ce matin, avec infiniment de plaisir, après quinze ans écoulés. Du reste, les fouilles s'accroissent sans cesse et des quartiers surgissent, chaque année, de plus en plus intéressants et « vivants ».

Au lieu de prendre le chemin de fer, prosaïque mais confortable, notre Croisière s'est formée en caravane automobile. Dix voitures nous attendaient, quatre par quatre voyageurs, toutes voitures à six cylindres, du dernier modèle, car l'industrie italienne est très active et florissante, mais elle ne comprend que le fort type, le *modelissime*, évidemment. Enfin, tout étant paré, la Croisière s'ébranle et, dès les premiers cent mètres, nous nous regardons avec stupeur.

Nous piquons droit, dans une longue rue qui va tra-
verser, depuis le port, faubourg et villages, jusqu'à Torre
del Greco, au long de la mer, dont on aperçoit des coins
bleus, sous le ciel sans nuages ; il fait frais et joli, sous le
soleil. Comme un bolide, notre 20-CV a pris la direction
du Vésuve, qui fume sur la gauche. *Santa Madona*, sur
quoi sautillons-nous et rebondissons-nous ? La chaussée,
pavée à la romaine, est une **fondrière** totale, avec des trous
larges d'un mètre, avec des dalles soulevées. Et nous rou-
lons, de choc en choc, à 80 à l'heure ! C'est une course ?
Au tombeau ? Au Vésuve ? Non, nous le laissons vite derrière nous et, du même élan furieux, ronflant, ahurissant,
nous avalons ainsi kilomètre sur kilomètre, durant une
grande heure. Bientôt, la poussière nous aveugle ; nous
devinons des maisons peinturlurées, ornées du linge familial, qui sèche, des villas entourées de palmiers, un
paysage qui doit être crasseux et beau, tour à tour et à la
fois, car les édifices riches sont flanqués de masures.
Bing, bing ; la super-auto n'a plus de ressorts, si elle en
eut jamais ; le chauffeur, bon garçon, joyeux, s'en moque ;
il a de l'émulation et ne sera pas dépassé.

Rien ne nous gêne ; il n'existe d'autre règle de circulation que celle-ci, nous affirme-t-on : toute voiture, hippo
ou automobile, suit tout droit son chemin; les autres, les
bolides, prennent la gauche ou la droite, selon l'inspiration
de la dernière seconde. Le bolide freine et repart ; or, la
circulation est très intense et pittoresque ; on frôle des
ânons charmants, proprets, des attelages de ces mules
fines, au poil bien lissé, qui portent de hauts colliers trian-

gulaires, ornés de plaques d'argent et de sonnettes dont le timbre à plusieurs tons a inspiré, me dit un compagnon de course, à Gustave Charpentier, une musique exquise, intitulée les *Mules de Naples*...

Des gosses loqueteux, des matrones, des fillettes gentilles autant qu'on peut en juger, quand on stoppe pour ne pas les écraser, sortent à l'improviste, en bandes, de ruelles larges d'un mètre et demi. Elles échappent dix fois, cent fois, à la mort. Le chauffeur est heureux ; « ça gaze »; il échange des lazzi, affectueux ou tonitruants, avec ces cibles mouvantes... Et toujours, de plus en plus, des trous et des pavés dressés.

Enfin, sur la droite, derrière un long terrain sans construction, nous devinons les îles embaumées d'oranger, Amalfi, Sorrente, toutes colonies anglaise, allemande et sud-américaine. Quel regret de ne pouvoir y faire un petit séjour, encore, avec vingt années en moins ! Mais la super-auto a dévoré cet heureux passé et nous jette, net, devant une bâtisse quelconque : l'unique hôtel, international, de Pompéi, où l'on nous vendra, tout à l'heure, 9 lire une bouteille d'eau minérale... Nous donnerons un billet de 20 lire et le garçon dira, incliné, avec un sourire archangélique : « Je garde pour le pourboire », qu'il a déjà reçu, car la Compagnie des Messageries paie tout. « Non, mon bonhomme ! » Et il rend et sourit de nouveau. Le tout est d'avoir l'air « d'un chef ». C'est *fasciste*.

Autour de l'hôtel, la nuée, ordinaire, des marchands d'écaille et de corail. Des guides individuels, qui sont observateurs. J'en remarque un qui a flairé un Boche, en dehors de notre caravane ; on ne se trompe guère devant ce crâne passé au papier de verre, ce pantalon tire-bouchonnant et ce chapeau verdâtre. Le guide offre « du vieux », c'est-à-dire des cailloux et des photos de ruines, avec des bons offices particuliers, qu'il bredouille et où je distingue les mots de *schœn Gretchen...* Et aussi « du neuf », c'est-à-dire des photographies obscènes, réservées par lui à ces clients germaniques, qui feignent d'ignorer qu'elles sont fabriquées à Berlin.

Le client prend un album, paie rapidement, s'écarte et feuillette ; il se retourne, furieux ; il est volé ; la première photo, seule, était « piquante ».

❧

La visite d'un sénateur romain. De Pompéi, on n'aperçoit pas l'ensemble ; derrière un portillon à tourniquet, une allée ombreuse s'enfonce et monte vers la ville. A ce moment, une réminiscence classique m'impose un rêve, les yeux ouverts. Je laisse partir notre caravane, qui a un bon guide, sérieux, et je me figure que, devant moi, s'offre la silhouette élégante d'un homme en toge de laine blanche, rehaussée d'une bande d'or, drapée harmonieusement. Les cheveux sont bouclés, comme la barbe, au-dessus du visage au nez droit, au menton carré. Une statue de sénateur romain s'est-elle échappée du musée et rentret-elle chez elle, à Pompéi, dans sa villa de plaisirs ?

Il se pourrait, tant est parfaite la résurrection de ces ruines qui datent de l'an 79 avant J.-C. La ville fut ense-

velie sous les cendres, une nuit où Néron chantait une
poésie de sa façon, sur la scène du théâtre de Parthénope
(*Neapolis*, Naples). On dut arracher l'impérial cabotin à
son jeu favori. Une foule de 50 000 personnes, population
de Pompéi, fuyait, avec de menus bagages, vers la cité ;
il y eut peu de morts, mais les villas, demeurées richis-
simes, bien que pillées aussi, sous le torrent de cendres
qui s'abattait, se recouvraient d'un linceul, avec ce qui
restait de leurs trésors. C'est pourquoi on a fait, en
déblayant, de si belles trouvailles artistiques à Pompéi.

Mon imagination a suivi mon « cher collègue » ; le sénateur Caius T. Livius, qui, connaissant les aîtres, m'était un
guide précieux. Je crus, même, entendre le son de sa voix
gutturale qui me donnait des explications... Il n'hésitait
pas sur le chemin à prendre ; il refaisait vers ses dieux Lares
sa promenade d'il y a deux mille ans.

Au bout de la petite allée d'entrée, nous passâmes tous
deux sous la Porta Marina (on n'a débloqué que deux
portes sur quatre), porte reconstituée, pour majeure partie,
en brique, sans ornementation ; c'était un quartier populeux, pauvre. Il faut remarquer, à ce sujet, d'une façon
générale, que les réparations indispensables, voire les
reconstructions pour moitié ou tiers des monuments, ont
été faites avec discernement et mesure. Elles ne choquent
pas. Elles sont discrètes, où il faut.

La nature du sinistre a limité la tâche des architectes ;
ceux-ci n'ont trouvé de toiture nulle part, sauf sur une
maison (les maisons n'avaient qu'un étage, où demeuraient
les esclaves) ; ils se sont donc bornés à étayer, à compléter

légèrement, à redresser les colonnes, à déblayer les centres. Ce travail, qui se poursuit selon les ressources du produit des entrées, nombreuses et chères, a donné à toute la cité, qui était balnéaire, aux bords de la mer alors, un aspect grisâtre, très froid et triste.

Mais on peut la repeupler en pensée, comme j'ai fait derrière Caius T. Livius. Passée la porte, le Sénateur avait laissé de côté un édicule qu'il ne pouvait connaître : c'est une sorte de petit musée qui n'est guère à sa place ; on y a déposé de menues découvertes et réalisé une idée d'exhibition, celle de cadavres, que j'estime fâcheuse ; ce sont trois ou quatre corps, moulages en plâtre, d'habitants qui fuyaient. L'un d'eux est une femme menue, qui gît sur le ventre (« on suppose qu'elle était enceinte », bredouille le guide) derrière des vitres dont la disposition permet de l'apercevoir entière, par-dessous. Spectacle pour galeries anatomiques foraines. A supprimer.

Cependant Caius T. Livius marchait d'un pas droit et majestueux, en tendant et serrant des mains — imaginaires ; — il s'était engagé dans une longue rue, étroite, juste la largeur d'un char, dont les roues ferrées ont creusé un sillon dans la dalle au grain serré ; il suivait un des hauts trottoirs et, de loin en loin, il allait de gauche à droite en utilisant de gros blocs, dressés comme des refuges afin qu'en cas de pluie le passant ne mouillât pas ses cothurnes.

Mon collègue circulait au milieu d'une foule de marins, de citadins, de villégiateurs, puisque Pompéi était une station balnéaire, le Dauville de l'époque... Et, en suivant, je songeais au jugement de nos arrière-arrière-neveux, dans deux mille ans, si notre Dauville était soudain offert à leur curiosité après avoir dormi durant ce temps sous des cendres : que diraient-ils de nos magnificences actuelles, dont nous sommes si fiers? Par exemple, Caius T. Livius s'est arrêté devant un bain public. Deauville en possède un qui nous a émerveillés, un bain romain... Pauvre Deauville ! Pauvres baigneurs de nos *Planches* et *Potinières* !... Leurs prédécesseurs créèrent et fréquentèrent ici dix bains publics, qui, pour les Romains opulents ou moyens, étaient autre chose que nos cuvettes en béton armé.

Dans tous ces établissements, aérés, élégants, décorés de mosaïques, de peintures, la piscine mesurait au moins trente mètres. Une d'elles, près de cent. Les murailles étaient à doubles parois, où circulait la poterie qui amenait l'eau chaude. Autour s'ouvraient maintes salles de repos, de jeux athlétiques, de restauration. On y pouvait vivre toute la matinée ou l'après-midi pour quelques sesterces.

En plus, un très grand nombre de villas ont leur balneum privé, non moins vaste, tout à fait somptueux, où tout est prévu pour des délices domestiques délicates. Des bibliothèques y sont jointes. Le repos du corps et de l'esprit. Caius T. Livius, en route, invita un poète à venir lui dire des vers à la cène prochaine. Ce poète avait sa maison, comme tous autres, Illustres, comme les orateurs et les philosophes. C'est à Pompéi que Cicéron composa le *De officiis*.

Mon collègue, tout en flânant, songea à son déjeuner ; il s'approcha des boutiques de marchands qui sont là, sous nos yeux ; les trous des fourneaux de frituriers béent, en pierre ; les étals de bouchers, de fruitiers, portent la trace des couteaux qui découpaient les viandes et les poissons ; les amphores tendent leur fin goulot, avec des huiles et les restes de vins, desséchés au fond... Partout, des statues, des bronzes étaient disposés (on les a transportés, pour la plupart, à Naples). Plus loin, c'étaient les échoppes des marchands d'étoffes, de chaussures, rangés par petits quartiers.

Principalement, une rue se distinguait par sa variété d'étalages ; tout au bout, vers l'autre porte, la rue de l'Abondance, récemment extraite de sa gangue de cendres et comme neuve, vraiment. Mon collègue fit un arrêt devant une muraille où fulguraient des écrits en rouge : les affiches de théâtre et aussi les affiches de candidats aux dernières élections, qui adressaient de vibrants appels au peuple et à sa confiance. *Sub sole, nihil...*

Auprès d'une affiche, Caius T. Livius fit un geste de respect, rapide, vers un *graffito*, que la pudeur des *reconstituteurs* modernes a mis sous verre ; d'autres, semblables, sculptés dans la pierre, demeurent à l'air nu ; c'est l'emblème masculin de la fécondité, que les Romains aimaient à glorifier et à étaler sous la lumière crue. Il recevait l'hommage des promeneurs qui, à domicile, le retrouvaient, dès l'atrium, lorsqu'il ne trônait pas, enluminé, entouré de fleurs, dans une pièce particulière, consacrée à des ébats privés, le *venerium*. Il servait également d'enseigne aux mauvais lieux, dont un spécimen a été respecté, intact, par les cendres, avec ses cinq minuscules lits de pierre

Ph. Mme M.

Ste Sophie à Constantinople.

Ph. St. M.

Le cours de Ste Sophie.

2

Cimetière et golfe de Smyrne.

Vue de Jaffa.

TEL-AVIT. — Le Casino et les Bains.

et le siège de la matrone, derrière laquelle, à portée de la main, était placé le réservoir des consommations.

Les *reconstituteurs* ont clos ces lieux, mais le gardien voisin, au carrefour, en a la clef. Il surveille les visiteurs et il guette le pourboire, quoiqu'une affiche lui interdise d'en recevoir et menace, même d'expulsion, le touriste qui en donnera.

De boutique en boutique, nous parcourons cinquante rues et ruelles peut-être, se coupant à angles droits, identiques, propres, car tout est en parfait état. Nous avons traversé trois beaux forums, parsemés de colonnes de marbre blanc ; nous avons admiré les proportions grandioses de plusieurs temples, de théâtres, etc... Caius T. Livius va visiter ses grands amis, les Vittilli ; leur demeure est la plus vaste ; on l'a redressée presque en son entier, de telle façon qu'en y pénétrant le sénateur est bien chez eux ; il y a des fleurs, des arbustes ; l'eau jaillit du bassin central, derrière l'atrium, sur lequel s'ouvrent les pièces de réception, de vie intime, d'apparat, les bains, le triclinium, avec ses trois lits préparés pour le festin de midi.

Si nous portions la toge, nous n'aurions qu'à nous coucher et à nous accouder là, parmi les chants des oiseaux rares et les tremolos des flûtes attiques. Les affranchis et les belles esclaves, noires et grecques, raflées en Asie Mineure, lors des récentes victoires, vont et viennent, avec les plats de dattes de Libye et de langues de rossignols, flanquant les hures de sangliers de la Gaule et les raisins dorés de Corynthe, ceux que le populaire mordille encore sur la *marina*.

Il faut s'arracher à ces rêves... Le sénateur a incliné la tête et étendu sur sa chevelure bouclée un pan de sa toge pour se protéger contre l'ennemi immortel, la mouche qu'un éphèbe attentif s'efforce de chasser. Il va faire la sieste. Je respecte son sommeil et vais rejoindre la Croisière à l'Hôtel International, où le macaroni est dur et le veau lamentable. Dur retour à la réalité !... On nous presse. L'auto-fantôme démarre. La terrible poussière efface de nos yeux Pompéi.

Mille touristes, à la fois, sont annoncés pour demain.

CHAPITRE IV

NAPLES ET LE PAUSILIPPE

  Un autre orgueil de l'Italie, ce sont ses musées ; celui de Naples justifie sa réputation. Il est, au centre de la ville, large, bien éclairé. Droit d'entrée très élevé. Pour voir tout ce qui doit se voir, un touriste peut acquitter, en bloc, dès le port, où les formalités d'accès douanier sont intelligemment supprimées pour cette catégorie de visiteurs, une taxe globale d'une livre anglaise, mais il y a maints suppléments çà et là. Forcément, des contestations s'élèvent qui sont sans résultats avantageux, mais sans disputes (on paie), car tout le personnel, comme la population, est de bonne humeur et fait bonne mine, en souriant et gesticulant. Une silhouette noire, celle du rétiaire fasciste, monte la garde auprès des agents de police, clairsemés, au dehors, car tout se passe selon la fantaisie de chacun, zigzags des autos, flâneries sans but devant des boutiques sans caractère très marqué.

Autrefois, Naples était la cité du corail, de la lave, ornée d'un camée ; elle offre, surtout, maintenant, de l'écaille et des monceaux de mandarines, amoncelées en

dômes **d'or**, avec les poivrons verts et rouges. Question de
saison?... Foule habillée à « la moderne », de complets quel-
conques ; peu de promeneuses à pied, passant d'une boutique de joailleries parisiennes dans les salons de succursales de modes ; on n'aperçoit pas l'aisance, sauf dans
ce superbe quai du bord de mer où resplendissent les
palaces. Méfiance de l'impôt sur le revenu qui pèse lourdement, après l'essai, vite abandonné, qu'on a fait d'un
impôt sur le capital. C'était l'exode ou l'affolement.

Au musée. Du Musée lui-même, cent et cent *Guides*
et ouvrages ont tout dit. Pour le former,
on a puisé dans des collections particulières, aux Thermes
de Caracalla et, on l'a vu, à Pompéi. Les œuvres ainsi réunies
ont un prix et une réputation universelles, soit par la photo-
graphie, vendue au poids d'un papier d'or, soit par des
copies, répandues à travers tout le monde. L'intérêt est que
la plupart des plus nobles originaux sont là, et ils chantent,
par leur beauté, des gloires ancestrales qui nous rendent,
nous, modestes, malgré notre prestigieux musée du Louvre
et toutes nos collections privées. La Galerie des marbres
archaïques et cinq salles renfermant les marbres de l'âge
d'or de l'art grec (ve siècle) m'ont particulièrement retenu ;
de même, la galerie de la Diane d'Éphèse et celle des bronzes
d'Herculanum, d'une finesse et d'une graciosité exquises,
offrent le plus captivant attrait. D'autres salles, parmi les

plus intéressantes, par ce qu'on n'a guère fait de « répliques » de leurs chefs-d'œuvre, sont celles de la peinture, en général monochrome ou faite de trois ou quatre couleurs, à plat. Il en existe peu de spécimens ailleurs, ou peu nombreux.

Les salles, aussi, des objets usuels de la vie romaine demandent une attentive visite. Pompéi les a pourvues de bijoux, d'instruments de cuisine, voire de chirurgie, qui sont surprenants d'ingéniosité et de modernisme. La céramique, mortuaire, surtout, est une suite d'émerveillements. Et les Tanagra !

Et le musée secret ? Heu, heu... Pourboire ou autorisation spéciale. Une collection de débauches de satyres où l'art délicat, toutefois, n'est jamais gâché par une recherche de drôlerie sale. Du sadisme artistique, mélange de bestialité « caprine » en général, et de recherche de la forme parfaite, plaisante, du corps humain en toutes circonstances. « *Dieci lire, Signor.* » C'est peut-être bien cher?

⋯⁂⋯

Au Pausilippe. Une heure particulièrement agréable, avant la tombée du crépuscule, lent, vers cinq heures, est consacrée à la promenade, sur le Pausilippe, le mont qui domine la ville. Les mêmes autos font leur course de fondrières en monticules. Voies ceinturées de villas modernes, à louer, avec des jardinets d'orangers, en fruits. Quartier de bourgeois à l'aise et d'étrangers qui hivernent. Quartier de Côte d'Azur, le

haut de Cannes. Mais, sur le bord de la mer, à pic, des ton-
nelles et pergolas d'auberges, qui sanglotent toutes *Santa
Lucia*; un panorama superbe sur toute la baie et les déchirures de côtes ; une île moyenâgeuse, sur un roc, qui
sert à la déportation politique ; des voiles roses de taren-
telles, qui pêchent. Le décor classique d'une vieille aqua-
relle, calme et reposant. Au-dessus de nos têtes, à perte
de vue, un ciel finement « lavé », d'un pinceau égal, avec
des floconnements de petits nuages.

Descente brusque sur la *marina* de luxe ; à droite de
celle-ci, presque au bout, la curiosité séculaire, le Vésuve.

Le Vésuve, ce soir, fume « convenablement », pour
expliquer qu'il figurera sur les additions des palaces. Quelques-uns de nous, s'égaillant, ont pris le funiculaire,
— *Funiculi, Funicula,* ritournelle, — pour découvrir une
convulsion, mentionnée dans les journaux de Paris, fin
décembre. Rien. Le monstre gronde, en dessous, nous dit-on.
Ce qu'il crache retombe dans son cratere même, avec un
tonnerre de marmite infernale. Déception...

Quoi encore ? L'*Aquarium* ? Un lieu de mystère, lors
de notre premier voyage à Naples. Il est, toujours tel,
dans sa demi-clarte, avec sa faune de mer sans rivale.
Des blocs noirs, au fond, semblent être des coins de
rochers. Soudain, une fente, deux, trois fentes s'y
ouvrent : c'est un animal monstrueux. Sa gueule se distend,
il palpite, mov. et flasque, et il avale un coquillage jeté par
le gardien. Impression d'horreur, effacée par la grâce des
bandes de poissons triangulaires, carrés, ronds, habillés
de soies chinoises, brodées. Je n'ai vu ces êtres diaprés

qu'à Madras. Leurs flancs étaient également semblables aux robes des belles femmes hindoues, qui venaient les nourrir, en susurrant des rires enfantins.

Hou, hou... Voici la sirène du *Lamartine* qui sonne le ralliement. Je n'ai pas passé en revue les églises ; il y a encore des bronzes, des fontaines, je ne sais quoi. *A revedere, sempre bella Napoli !*

Panorama de Jérusalem.

Ph. Mme P. Bloysen.

Vallée de Josaphat.

CHAPITRE V

DU PIRÉE A ATHÈNES

Souvenirs du port. Un pâle soleil. Un vent aigre. Le froid de janvier à Paris. La Compagnie, prévoyante, nous a recommandé d'emporter des manteaux. Nous y joignons des chandails, et c'est juste suffisant. Comptons sur l'enthousiasme pour nous réchauffer. Et, en effet, ce fut une « empoignante » journée.

Début médiocre. Le port du Pirée, un des trois ports antiques d'Athènes, s'ouvre entre de hautes montagnes, coiffées d'un léger manteau de neige, dénudées et grises à la base. A la lorgnette, nous les fouillons. Où est l'Acropole, cette Mecque des Lettres et des Arts de toute l'Humanité ? Sous un nuage. Au bas, des constructions en tuiles industrielles ; à droite, une prairie verte, d'un joli effet matinal. Au fond, la ville et des colonnes, des colonnes par deux et trois, qui sont déjà des ruines de Temples.

Un goulet. Le paquebot laisse sur la gauche, dissimulé, le port de guerre, Salamine, qui abrita les escadres alliées pendant la grande guerre (nous n'avons plus que trois *raffiots* à Beyrouth, notre « escadre du Levant »!). Tandis que le commandant Caboufigue, un vaillant marin de notre

4

Provence, accort et habile, fait prudemment défiler le *Lamartine* dans ce chenal bondé de caboteurs internationaux, ancrés au petit bonheur, sur des ancres qui parfois s'agrippent, ma mémoire s'enfonce dans le passé de Salamine, d'où s'enfuit le roi de Grèce, celui de la grande guerre.

Que d'événements, d'anxiétés, de colères, répercutés alors par le fil à Paris! Il stationna là, sans doute, le cuirassé français qui mit fin, brusquement, à la tragi-comédie jouée trop longtemps par le roi « félon » et son épouse allemande, Sophie. Il portait à son bord un homme, un Français, de taille à mettre le couple à la raison, et qui y parvint par la seule force de son tempérament calme et résolu.

C'était le représentant du Gouvernement de la République Française, M. Jonnart. Le président du Conseil, M. Briand, l'avait chargé de notifier au roi que ses intrigues avaient assez duré. Et M. Jonnart était parti, sur l'heure, avec un secrétaire d'ambassade comme unique collaborateur.

M. Jonnart conduisit cette opération comme il a mené toute sa vie publique, avec un sang-froid et une réflexion méthodique dont il ne se départit jamais, que ce fût à Alger, durant sept ans, dans le Pas-de-Calais, au Parlement, plus tard à Rome ; il pèse ses résolutions et il les exécute avec un regard droit, bien en face, avec une main qui trace sur le papier une écriture ferme, aux mots solides et clairs. Il fit donc tenir à la Cour de Grèce l'ultimatum dont il était porteur, et il en attendit les suites, en faisant connaître, sans phrases, que rien ne fléchirait son Gouvernement, en sa personne.

Ce n'était pas la manière habituelle des représentants ou agents des Alliés. Hélas! les massacres de nos marins, si peu punis, en témoignaient. Le roi appuyait là-dessus ses hésitations et ses désirs de trahir davantage. Mais cette fois, renseigné, il apprit qui il avait devant lui et il se sentit bientôt vaincu, après quelques tentatives de marchandage auxquelles l'inflexible envoyé de la République française coupa court, en termes polis et nets. «Le départ, ou la déposition à main armée. »

Le roi s'inclina. Il quitta précipitamment sa résidence campagnarde de Tatoï (où, plus tard, un de ses fils mourut de la morsure d'un singe) et, sous une faible et respectueuse escorte, il s'assit, avec la reine Sophie, en un coin de la plage de Salamine, à l'arrière d'une canonnière, qui le porta à bord d'un vaisseau allié.

M. Jonnart, lui, rentra à Paris, « rendit compte » au Gouvernement et retourna auprès de ses électeurs et amis du Pas-de-Calais, qui, à leur tour, avaient besoin de lui.

⚜

La funeste politique. Le peuple grec, de son côté, accepta les faits et modifia sa politique générale. C'est toujours ainsi, depuis des siècles et des siècles, et on ne sait si l'on doit admirer ou déplorer une telle constance dans l'inconsistance.

Voilà un peuple qui, à la lettre, vit pour la politique et qui risque cent fois d'en mourir. Il a la plus belle histoire militaire, artistique, littéraire, philosophique. Nous en recueillons, à chaque pas, les preuves. Ses héros ont rempli l'univers du récit de leurs exploits, et ses luttes pour son indépendance ont été aussi vigoureuses que couronnées de succès.

L'armée grecque ne prête pas à rire, comme on est trop enclin à le faire, d'après les opérettes et leurs silhouettes joyeuses et gambillantes. La *Belle Hélène* n'est qu'une fable drôle, pour le succès de laquelle il fallait Offenbach et Hortense Schneider. Et, si les fiers-à-bras abondent dans *le Roi des Montagnes*, d'Edmond About, dans maints récits de cocasseries plus ou moins spirituelles, il est aussi, en Grèce, des types de vieux braves qui savent, au jour voulu, demander de la poudre et des balles contre l'envahisseur.

De même pour la marine. Le Grec naît amoureux de la mer, de ses aventures et de ses séductions. Ses matelots, sous leur béret, ont une crâne allure ; les bâtiments de haut bord sont rares, à la vérité ; par contre, les amiraux abondent, à ce point qu'on ignore ce qu'ils commandent. Peu importe, le Grec demeure un bon marin...

Des lettres, des arts, faut-il parler longuement? Depuis Homère, inspirateur de l'Humanité amoureuse du bien dire ; depuis les sculpteurs sans égaux, voire sans successeurs dignes de rivaliser avec eux; depuis les architectes géniaux qui jetèrent les bases de la science d'abriter superbement les dieux, leurs contemporains et les modernes hôtes de la calotte terrestre ; depuis les orateurs, les philosophes, les athlètes, la Grèce a été le grenier d'abondance de l'esprit humain.

Il importe de retenir aussi que, sur cette terre nourricière de tant de valeurs et de talents, naissent toujours des commerçants avisés, experts, actifs. Et que la Grèce n'est pas pauvre. Loin de là ! Elle subit, en ce moment, plus que toute nation peut-être, une crise financière terrible. Le Cabinet Gounouris a coupé en deux morceaux le billet de cent drachmes, qui n'en a plus valu que cinquante, et, ces jours-ci, le cabinet Pangalos a réduit ce dernier billet d'un quart, de telle sorte que 75 p. 100 des fortunes et des ressources individuelles sont absorbés par l'État, gaspillés on ignore comment.

Le peuple grec ne continue pas moins de travailler, en vivotant, chichement. Il travaille à sa façon, qui est mauvaise, semble-t-il. Il a très peu d'agriculture ; ses paysans s'adonnent presque entièrement à la production du raisin, que l'on dessèche pour les vins. Le blé vient de Russie ou d'Amérique du Sud. L'industrie est arriérée et aurait besoin d'être régénérée, la main-d'œuvre ne faisant pas défaut. Enfin, les grands travaux publics, les routes, les chemins de fer sont rudimentaires ou confiés, dans leur majorité, à des entrepreneurs étrangers. C'est ainsi que les quais du Pirée sont en voie d'achèvement, tout autour du port, aux soins d'une compagnie française.

Le Grec, heureusement pour lui, remédie à cette situation par sa vigueur de tempérament, par sa sobriété résignée et, surtout, par l'ingéniosité et la hardiesse de ses opérations au dehors. Sir Bazil Zarof, pour n'en citer qu'un, notoire, a mis la main sur beaucoup d'affaires européennes; il a acheté, en dernier lieu, la maison de jeu de Monte-Carlo, et il est, sous des noms divers, un des principaux fournisseurs d'armes et de munitions du globe ; les torpilles Whitehead sont à lui.

Cet exemple est suivi par cent et cent de ses concitoyens, qui vont faire fortune au loin, en créant ou « contrôlant » les comptoirs et les usines les plus considérables. De plus, ils présentent cette particularité d'être les plus généreux d'entre les donateurs publics.

Par grandeur d'âme naturelle, par fierté patriotique ou par amour-propre, les Grecs enrichis rapportent leurs millions dans le pays et en consacrent une forte part à des œuvres d'utilité générale. La route superbe, qui part du Pirée en ligne droite sur l'Acropole, symbole national, a été construite par un Athénien qui avait fait fortune hors de Grèce. Le stade moderne, sur l'emplacement de l'ancien, où se déroulèrent des jeux olympiques magnifiques, coûta 10 millions de drachmes, valeur or, à un notable d'Athènes. On m'a cité dix cas de ce genre.

Alors, que se passe-t-il, étant donnés ces éléments de prospérité et de grandeur, éléments moraux et matériels ? Pourquoi cette nation est-elle toujours en guerre avec ses voisins, avec elle-même ? Pourquoi nos journaux ne nous rapportent-ils jamais, au lieu de ce qui précède, que des bruits de conflits avec les Bulgares, les Italiens, les Turcs ? Et encore, des bruits de révolutions, émeutes, combinaisons baroques qui ont assis un roi danois, entre autres, sur le trône des Hellènes, où il a fait si triste figure ? Et, hier, Venizelos, le patriote Crétois, renversé en une tournée d'urnes ? Et aujourd'hui, le dictateur général Pangalos?

C'est qu'une mauvaise fée, à la naissance du peuple grec, a ajouté à sa bravoure, à ses dons pour les Lettres et les Arts, à son ingéniosité commerciale, ce double poison : la turbulence militaire et la logomachie.

Le Grec se bat, sur toutes ses frontières, se bat contre lui-même, faute de mieux, et parle et gesticule constamment, sur l'agora, sur les places publiques. Après quoi il rentre au foyer décimé et ruiné. Puis il recommence, inlassablement. L'agitation lui est nécessaire. Il la traduit en actes irréfléchis et en harangues, vaines, dangereuses ou contradictoires.

Ce fut sa destinée, depuis mille et mille ans peut-être avant Jésus-Christ. Il en a supporté, sans disparaître et sans guérir, les conséquences funestes. Il nous y a peu à peu habitués. Nous le regardons faire, en amis parfois amusés, parfois indignés, jamais indifférents.

Comment voudrait-on résister à une forte envie de rire quand on lit des dépêches officielles comme cette dernière, fin février :

« *Athènes.* — Pour couper court à toutes *rumeurs de complot* contre, le Gouvernement, celui-ci a décidé d'interner dans une île l'amiral Papapoulos, le général Circopoulos, le colonel Zitopoulos et quelques autres suspects. — *Havas.* »

Il leur restait donc un amiral? Et il n'est pas seul! Quant aux généraux, ils naissent galonnés, probablement

Pendant que ces réflexions m'assaillent ou me sont suggé-
rées par l'ami français qui est monté à bord du *Lamartine*,
lequel active son mouillage, en une visite de passeports
un peu précautionneuse mais point vexatoire (car les Grecs
reçoivent gentiment une Croisière française), quelqu'un
me confie le dernier tuyau :

Il est question de rappeler Venizelos...

Ma foi, tant mieux. Un rayon de soleil me fait l'effet de
colorer à nouveau l'Acropole là-haut. Bonne chance au
grand Crétois, subtil et agissant (1)!

**Athènes
moderne.** Athènes, la ville, où nos autos entrent
en un quart d'heure de course, est un
chef-lieu de nos départements. Vers le
centre, coquet, propret, sans prétentions au « colossal »,
la circulation des voitures est assez dense et minutieusement réglée par des agents qui sont juchés sur un petit carré
de bois, au centre des rues et carrefours. Ils n'ont pas de
bâton blanc ; ils gesticulent avec la main, à angles droits,
comme Polichinelle à Guignol. Foule sans caractère, que
l'on rencontre aux alentours de notre Bourse de Commerce ou à la Bourse aux diamants, rue Lafayette.

Comme à Naples, peu de femmes élégantes... Nous cher-
chons un *peplum*, une chemisette de toile bise, brodée,
aux manches, en rouge et noir ; une natte de cheveux lourds

(1) Depuis lors, le dictateur général Pangelos s'est fait nommer président
de la république (*5 avril*).

au-dessus d'une nuque de Tanagra. Vain espoir. On assure
— et c'est certain — que les villages et les villes de l'hinterland recèlent ces silhouettes, lourdes ou graciles, avec le
miel de l'Hymette. « L'enfant grec », aussi, est caché et
complote, probablement. Nous n'avons malheureusement
pas le temps d'aller jusqu'à eux...

Monuments? Une grande villa pour le ministre de France;
deux casernes, dites palais royaux ; une vaste bibliothèque ; un édifice à colonnades, qui fut la Chambre des
Députés, et qui est vide. Heureusement, dites-vous ?
L'inflation n'en est pas moins considérable et malfaisante...
Restaurants ? Des « Bouillon Duval » à 100 drachmes par
tête. Le vin des Iles, rude et alcoolisé...

La grande guerre a eu pour conséquences, dans tous ces
pays, d'uniformiser l'aspect extérieur des êtres et des choses,
de leur donner comme une teinte morne de malaise, — sinon
de pauvreté, — de déséquilibre social. Les foules sont souvent tumultueuses, en raison des événements et bouleversements politiques ; elles n'ont plus de gaîtés ou de laisser-
aller bon enfant ; au fil des jours heureux. On devine partout des préoccupations du lendemain incertain, issues de
la gêne familiale. Et, pour distractions intellectuelles, on ne
voit guère que des spectacles de cinémas, affiches grossiè-
rement enluminées et stupides.

Il est temps de retremper nos esprits, déçus...
Courons vers l'Acropole...

CHAPITRE VI

L'ACROPOLE

Voici enfin l'Acropole, blanc, rosé, énorme, au détour d'une rue, à l'extrémité d'une pente douce de jardin public. A la grille de bois, déposons le fardeau de l'érudition et de l'enthousiasme écrits, depuis que le monde est monde. Déposons les auteurs sacrés, les exégètes, les commentateurs, les Guides, les odes, les drames, les comédies; effaçons les statues gracieuses et fortes, les tableaux grandiloquents et majestueux ; les plaisanteries surtout.

Nous sommes des Béotiens, des Néophytes, qui ne connaissons rien, qui n'avons rien lu ni rien appris et qui nous moquons du « qu'en-dira-t-on ». Nous allons découvrir l'Acropole en trois heures, le goûter, l'analyser et le juger en dix pages audacieuses, qui feront sourire dédaigneusement ou qui plairont, peut-être, par leur simplicité. Avec l'Acropole et ses temples, nous embrasserons toute la Grèce, son histoire, celle des peuples qui accoururent vers elle, phare des intelligences et des convoitises de savoir et de pouvoir divin. Nous saurons aussi, sans doute, comment nos professeurs de lycées ont été déterminés à nous pousser,

de génération en génération, vers les supplices des bacca-
lauréats et des concours, avec les poings liés par des chaînes
grecques : elles avaient leur point d'attache ici, sur ce
mont pelé, couvert de débris de marbre, de colonnades à
demi rongées par les pluies et la neige, car, ce 2 mars,
malgré le soleil, des flocons sillonnent, par instants, le ciel,
arrachés au sommet des montagnes qui ferment l'horizon,
en cirque.

Oui, cet ensemble est grandiose et exige le recueillement
du silence, qui est absolu, comme dans les mosquées, les
cathédrales et les synagogues, le silence qui permet l'élévation des âmes. Je n'écoute même pas le cicerone qui est,
par hasard, discret. Il dit « ce qu'il faut », pas davantage,
avec un accent de fierté grecque qui plaît. Pour lui, en
dehors du ve siècle avant J.-C., qui vit l'expansion du génie
panhellénique, le reste est « en décadence ». Le Romain,
surtout, il le renie ; en quoi il se trompe.

Bref, nous avons gravi de nombreuses marches, bran-
lantes, vers le centre du mont, où « c'est l'Acropole » ;
nous allons pénétrer dans les Propylées, c'est-à-dire l'avenue triomphale qui conduisait au Parthénon, à sa façade
de colonnes, debout celles-là.

Et alors, nous nous retournons, pour comprendre, car,
encore une fois, il faut « comprendre ».

Chambre des Députés et Sénat étant en exil « dans les
Iles », je n'ai rencontré aucun collègue, ainsi qu'à Pompéi ; mais j'écoute, à travers les siècles, la voix mélodieuse
des Grands Bonshommes qui se sont drapés et qui ont
chanté dans ce chaos actuel de marbres meurtris.

C'est au lendemain d'une des victoires du peuple-Roi sur un de ses perpétuels ennemis, sur terre ou sur mer, plutôt sur mer. Le décor s'y prête mieux. Du terre-plein, où nous sommes debout, grelottants de froid, les Propylées, puis le Parthénon sont dans notre dos. Nous découvrons un immense horizon : au fond, les flots argentés, les flots de la baie de Salamine, où les trirèmes, bondées d'or et de captifs, ont abordé. C'est le retour de batailles capitales contre les Perses ou les Mèdes. La masse du peuple s'est portée au devant des vainqueurs et a ceint leurs fronts de lauriers. Les poètes sont au premier rang, avec les prêtres, les archontes et les illustres. Une procession de cette masse se forme, et elle prend la Voie Sacrée qui pique sur l'Acropole, où l'attend la statue de Minerve.

On la voit, on la sent ressuscitée ; tous les auteurs l'ont décrite ; on n'a pas besoin d'eux, elle s'impose ; elle est nécessaire à ce paysage, à cette forêt de colonnes, à cette poussière d'arcs de triomphe, de temples, de statues.

A mi-route, peut-être, la procession traverse, notamment, la nécropole, où il ne subsiste que quelques tombes, représentant chacune, en marbre, des scènes entières, hommes, femmes, enfants, de la vie familiale. Pas d'emblèmes religieux ou peu.

La procession est arrivée à l'entrée des Propylées, qui sont dessinés par des colonnes, et elle gravit les degrés. Mille voix disent les fastes de ces journées immortelles. A droite, devant le Parthénon, s'élève, encore debout, un temple particulièrement honoré. Il est minuscule ; vingt prêtres se tiendraient à l'intérieur, mais il est le fin du fin

de la composition architecturale grecque, chef-d'œuvre
d'un ordonnancement de lignes sobres, simples, concordantes... Il abrite la statue de la Victoire Aptère, à
laquelle on a coupé les ailes pour qu'elle ne s'enfuie pas,
quelque mauvais jour, vers l'étranger, vers les Mèdes, les
Perses, les Romains, les Turcs, les Chrétiens, les Vénitiens,
les Anglais, vers tous ceux qui se sont rués sur ces asiles
de la Pensée souveraine et qui y ont laissé trop de traces de
leurs passages, des fragments de coupole de mosquée, des
trous d'obus, çà et là.

La procession brûle des encens devant la déesse protectrice et la voilà dans le Parthénon... Il est tellement «classique » que je me tais. Ses proportions, même mutilées
(la façade et deux côtés sont debout), sont saisissantes de
solennité. La nef mesure 160 mètres ; on en poursuit la restauration, du côté gauche, avec les colonnes intactes.
A ce propos, je ne puis pas ne pas écrire d'où provient,
en nous, ce sentiment de *saisissement* qui nous étreint ;
c'est que ces temples, ces colonnades, ces amoncellements
de marbres semblent construits pour et par des géants.
Ils dépassent en hauteur, largeur, profondeur, « l'échelle
humaine » ; à Rome, que je ne dédaigne pas, certes, le
Forum m'a déçu à ce point de vue ; il m'a paru étriqué,
presque petit, pour les multitudes de soldats vainqueurs,
de prêtres et de citoyens éloquents et sonores.

Ici, « l'échelle humaine » est formidable. Et surtout, ces
architectures, ces sculptures, ces fêtes se déploient dans
un cadre naturel proportionné à leur taille qui est formé
par ces montagnes proches, au-dessus de la ville. Plus

loin, apparaissent les prairies, vertes, et la mer libérée et libératrice... Et enfin l'immensité du firmament, bleu ou piqueté d'étoiles. L'air, l'air pur et doux, est embaumé par les parfums sacrés, rempli des mélodies louangeuses ou des chants guerriers.

La procession s'est engouffrée dans le Parthénon ; de là, elle se disloquera vers les différents temples, voués à tous dieux ; elle ira ensuite au théâtre de Dionysios, où s'arrondissent encore dix rangs de gradins marmoréens, face aux chœurs, face à la scène. Eschyle, Euripide, Sophocle, tous nos tyrans du lycée ouvrent enfin leurs chefs-d'œuvre à notre intelligence... Puis, ce seront les jeux athlétiques, la course de Marathon au Stade (40 000 places). Enfin, ce seront les réunions sur les places publiques, devant les tribunes et les statues d'illustres, les défis d'orateurs, les luttes d'éloquence...

C'est assez, peut-être trop, pour trois heures. De puissants cerveaux d'écrivains, d'artistes, de penseurs, ont bouillonné, auprès de ces merveilles, et les ont transcrites sous toutes formes. Relisez-les, revoyez-les, avec cette vue « panoramique », bien terre à terre, d'un peuple entier arraché, de la mer, vers ses dieux qu'il honore là-haut avec tous les luxes, toutes les délicatesses et les forces d'organismes et de tempéraments supérieurement doués par la nature...

Nous descendons, claudicants, vers les autos. Je me retourne, irrésistiblement. Je fais toutes amendes honorables mentales. J'écarte les cartes postales et les photographes ambulants. J'ai cependant une dernière échappée céré-

brale, que je ne repousse pas : la petite danseuse, vous sou-
vient-il, la Parigote, touriste énamourée de l'Art que *l'Illus-
tration* nous a représentée, fin décembre, comme s'étant
dévêtue, soudain, sur l'Acropole, et mimant des pas antiques. Elle a cédé, comme nous, à l'emprise du beau. Que
n'est-elle demeurée là, pour nous ?

Le Musée magique. Évidemment, « c'est un Musée », c'est même le *Musée*. Je l'attendais. Des missions issues de toutes les nations ; l'École française d'Athènes en tête ; l'École allemande, avec Schlieman, qui a ressuscité et vidé Mycène, sœur aînée d'Athènes ; l'École grecque ; l'École américaine, qui, piquée d'amour-propre, offre de déblayer tout un quartier, autour de la Tour des Vents, laquelle abrite une curieuse clepsydre à eau, toutes ces écoles (*Missions*) ont orné une cinquantaine de salles, spacieuses, avec les dépouilles des différentes époques d'art. Elles ne suppor- tent pas quelques citations, seulement. Qui veut me- surer la maîtrise de Phydias, de ses émules et de ses élèves, fera ce pèlerinage, dont les copies ne donnent qu'une faible perception. Il faut voir *palpiter* les marbres.

Tout est ordre et logique dans leur ordonnancement et leur présentation par époques, égyptienne, grecque, romaine. J'admire beaucoup ces qualités, ce souci de l'Administration organisatrice de ces Musées. La visite en

Ph. Bernard Brault.

Mosquée d'Omer, à Jérusalem.

Le mur des Lamentations, à Jérusalem.

est agréablement facilitée, et on doit y voir, selon moi,
un louable orgueil d'un pareil assemblage de chefs-d'œuvre,
offerts, dans une entière valeur, à l'étranger. Il n'est pas
jusqu'au populaire qui, dans son langage fruste, ne montre
d'identiques sentiments.

Ainsi, notre Cicerone n'est pas content : les frises du
Parthénon sont en moulage : « Les originaux, dit ce
patriote, ont été emportés en 1819, par les Anglais, au
British Museum... Vous, Français, vous avez, au Louvre,
une de nos Vénus, mais la Grèce l'a donnée à un de vos
capitaines de vaisseau. » Il grommelle, ce Palikare. Il
n'a donc pas entendu parler de Tut-ek-Amon? Je lui
serrerai la main, avec pourboire. Son respectueux demi-
silence ne m'a pas gâché la majesté de cette journée, édu-
catrice et exquise.

CHAPITRE VII

LA TURQUIE MODERNE

Au long des Dardanelles. Traversée de deux jours, jusqu'à Constantinople. Monotone. Le froid continue, très vif. La neige, qui recouvrait le mont Hymette, blanchit également la moitié de la côte, abrupte, rocheuse, les pics et les ballons qui constituent le puzzle maritime des îles ; celles-ci, pour nous, ne sont marquantes que par leurs noms retentissants dans l'histoire et les poèmes. Du pont d'un paquebot, elles se ressemblent, quand nous défilons... La Crète, même, patrie de Venizelos, paraît taciturne.

Impression passagère, sans doute ?... En tout cas, l'Orient, naissance du soleil, est trompeur aujourd'hui à ce point de vue. Il lui manque les « ardeurs de Phœbus », toujours un dieu, qui se montre, mais pâlot. Les vents cinglent, venant de monts sacrés. Cependant, une lumière est épandue sur ces grisailles et ces froidures, doucement, finement, dissemblable des grandes nappes brutales d'Afrique, qui accusent les reliefs. Ici, tout se fond. On dit qu'au printemps et en été il en va différemment et que la gerbe d'or des îles étale des rutilances. Je ne puis ne pas remarquer, encore, que la peinture, du moins celle du plein air, que l'on retrouve, par exemple au Maroc, où les artisans qui fabriquent les tapis s'inspirent de la coloration tranchante des champs de fleurs, fut une des branches de l'art les moins cultivées en Grèce... Ce sont, peut-être, au bout de mon crayon, des *vues* saisonnières ?

Mais, le cap Matapan tourné, rude éperon en face duquel les ressacs secouent le *Lamartine* — fâcheuse épreuve des estomacs — voici bientôt les Dardanelles.

Ma mémoire ne m'entraînera pas au delà de douze ans : 1914-1915. Date du dernier des drames navals qui se déroulèrent dans cet estuaire sombre, aux rives plates, ingrates, où survit, dans nos esprits, l'âme des vaillants marins alliés et de leurs adversaires, qui s'étreignirent corps à corps, gueule contre gueule de canon.

On se souvient ? L'Angleterre, poursuivant sa volonté d'hégémonie sur mer et tendant des poings de boxeur vers son objectif perpétuel, qui était l'entrée des *Horse Guards* et des *Pipers* dans la cité dont Mahomet a forcé l'entrée, avait persuadé aux Alliés qu'elle renouvellerait ce haut fait. Sa flotte lui en donnerait les moyens. Elle avait entraîné la nôtre dans le sillage de ses superdreadnoughts.

Déjà, elle avait une revanche à prendre. Son escadre de Méditerranée, qui était commandée par cet amiral Townbridge, mort si bizarrement, à Biarritz, ces jours-ci, en dansant un *one step*, n'avait pu capturer l'Allemand ; le *Gœben* et ses croiseurs auxiliaires, après avoir bombardé notre Algérie, qui fit bonne figure, s'étaient enfuis et

garés au fond des Dardanelles. La flotte anglaise les y déni-
cherait et, du même coup, abattrait les Turcs, que les
mômeries mahométanes du Sultan Guillaume II, d'Allemagne, avaient dressés contre l'Entente.

Et *Go ahead !* Tous feux allumés ! On racontait monts
et merveilles, dans nos maigres communiqués ; après la
galéjade du *rouleau compresseur russe*, on nous affirmait
qu'une unité navale anglaise suffirait presque à assurer
le succès de ce qui devait être un raid nautique : la *Queen-
Elisabeth*, superdreadnought, était si cuirassée, si garnie
de monstres assourdissants et crachant des tonnes de feu,
qu'elle réduirait, en dix volées d'obus, les Turcs au
silence.

Le duel s'engagea. Il dura dix semaines, vingt, je ne
veux plus savoir. La *Queen-Elisabeth* resta à flot, tonna,
mais, en face, aussi loin que portaient ses canons, parmi
les nuages de mitrailles qui obscurcissaient le ciel, des
pièces turcs continuaient de riposter et de frapper les bordages blindés. Si l'une se taisait, une autre prenait la
parole et gardait le commandement.

Nos marins étaient entrés dans la danse, mais, déjà, il
fut difficile d'établir cette unité de direction que Clemen-
ceau obtint en 1918, à Doullens, du maréchal Haiggs ; nos
grosses pièces prouvèrent, une fois de plus, la sûreté d'œil
de nos pointeurs, et nos torpilleurs ou sous-marins, le jour
et la nuit, furent les dignes rivaux des Anglais, qui s'entê-
taient. Je regrette de ne pouvoir citer, spécialement, aucun
de ces grands traits de notre belle histoire maritime, égaux
aux plus célèbres des siècles passés. Le recul des temps est

nécessaire. Un hommage, sincère et cordial, pour les deux adversaires, suffit, pour l'instant.

D'autre part, Français et Anglais cherchaient, avec un pareil courage, à s'installer sur la côte d'Asie. Ce furent des débarquements épiques, des cramponnements au sol, qui coûtèrent des pertes sérieuses et des souffrances effroyables. Pour la première fois, on apprécia la valeur des troupes des Dominions. Un communiqué narra que des *Anzac* avaient mis sac et mitrailleuses à terre et menaçaient de tourner Constantinople. Les *Anzac* ? *Quid* ? On apprit enfin que ce mot bref désignait, par des initiales, des Australiens, Zélandais, Canadiens, qui débutaient par un coup d'éclat.

Quant à nous, je crois me souvenir que c'est dans ces parages désertiques que descendirent et s'installèrent nos zouaves, composés de fils de l'élite algérienne, colons et indigènes, dont la composition fut renouvelée entièrement, à plein effectif, quatre ou cinq fois pendant la guerre. L'Algérie fut bien la fille aînée de la France, qui doit la payer par sa reconnaissance.

A toutes ces vaillances, le Turc opposait sa résistance native, de soldat qui vit d'une poignée de fèves et qui boit de l'eau. Les forts s'écroulaient ; des cuirassés passaient devant, les vidaient en apparence, mais le dernier fort était constamment l'avant-dernier. Peu à peu, l'ouragan de flammes et de fer diminua d'intensité ; la *Queen-Elisabeth* avait des avaries ; ses compagnons de folle bravoure, aussi. Le silence se fit, lentement, et les panaches de fumée se tournèrent vers une autre direction du ciel, où les mouettes reprirent leurs ébats, au-dessus des monceaux de cadavres que l'on n'avait même pas ensevelis. Le Turc essuya la lame de son yatagan. « Allah est grand ! Que sa volonté soit faite ! » Paix à la mémoire de nos enfants, — cols bleus et chechias !

***

L'amitié franco-turque. Le *Lamartine* laisse progressivement derrière son sillage calme ces tertres chers et ces ruines illustres, que rien ne décèle, sur les rives, autant qu'on en juge du bord... Quelques constructions neuves, une petite coupole apparaissent sur la côte, basse : on devine l'approche de Constantinople.

Mais, avant d'y pénétrer et d'en explorer, à terre, les détails, rues et monuments, je veux mettre en équilibre, dans mon cerveau, les événements de guerre, qui précèdent, avec les croquis de vie actuelle que je prendrai. Ce Turc, victorieux d'abord, puis humilié par la défaite du Sultan Guillaume II, est-il maintenant un ennemi ou un ami de la France? Je réponds sans hésiter : *un ami.*

Il ne s'agit pas, dans ces feuillets d'excursionniste, que le vent secoue et emportera, d'indiquer naïvement la solution du « problème balkanique », du problème du « proche Orient ». Il est à craindre que longtemps et longtemps ces petits peuples s'agitent, s'interpellent, se menacent, se combattent, et c'est dans ces régions peuplées de nationalités très accusées et secouées par des haines séculaires et des passions religieuses, que l'esprit de Locarno exercera le plus tardivement son influence bienfaisante.

Il ne s'agit pas davantage de reviser ici les traités récents, de souhaiter que d'autres soient conclus sur-le-champ ; de limiter ou de préciser l'étendue de la puissance anglaise et d'en contrecarrer les vues, plus ou moins claires.

Il s'agit d'examiner « ce qui apparaît », à cette heure, sur place, et de se demander si les populations qui vont nous faire accueil, à nous Français, nous tendent une main fraternelle ? Je ne regarderai pas ce que celle-ci contient ou si elle contient quelque chose. Je l'apercevrai, grandement ouverte, ou je ne l'apercevrai pas.

A cet égard, donc, pas d'incertitude : pour la France, la Turquie modernisée est animée de la sympathie la plus démonstrative. Il appartient au Gouvernement, aux diplomates et au Parlement d'en tirer conclusions et avantages, non pas contre quelqu'un, mais pour eux-mêmes.

⟊

Voiles et turbans. Mais voici le *hic*. J'ai écrit : « la Turquie modernisée » ; or, jusqu'à quel point cette Turquie, l'adversaire d'hier, a-t-elle accompli à la fois un renversement de sa mentalité de guerre vis-à-vis de nous et vis-à-vis de son propre état politique et social ?

C'est ici qu'il importe d'écarter toutes plaisanteries boulevardières, dont nous sommes coutumiers. Cette évolution — ou révolution — ne s'est pas accomplie sans entraîner des bouleversements de nos manières de voir — et de celles du pays — qui prêtent à sourire... Nos jour-

naux et nos revues de théâtre sont pleins de dépêches nar-
quoises et de couplets sur les fez et turbans abolis, sur les
voiles féminins déchirés, sur les harems fermés. Un vieux
Turc, contait-on récemment, n'a-t-il pas réuni ses quarante épouses pour les égorger après un bon repas ? Et de
rire !

En effet, en entrant dans la ville, quelle n'est pas notre
étonnement en n'apercevant ni voiles, ni turbans, ni fez,
ni cette redingote longue, dite *stambouline*... La Turquie
modernisée a fait table rase de l'ancienne. Du point de
vue pittoresque ou artistique, ç'a été un changement
total, immédiat, en moins de deux ans. La Turquie a
rangé au magasin des accessoires et « vieilles lunes » les *tur-
queries*, si fortes, de Mohamed et de ses successeurs, les
cruautés, les conspirations d'eunuques (peut-être rempla-
cées par d'autres?), les pendaisons, les mauvais cafés, les
peurs maladives qui secouaient Abdul Hamid et tous
autres sultans, le jour du Selamlik, à la grande Mosquée,
où le souverain se glissait, entre dix rangs de Janissaires,
salué bien bas par les ambassadeurs et de rares voyageurs,
privilégiés.

Les foules sont devenues *uniformément* européennes ;
Pera, Stamboul, Scutari, les villes de l'hinterland, c'est
Marseille, ou Lyon, ou Carcassonne, aux beaux remparts,
où circulent, *uniquement*, des badauds ou des gens occupés,
des deux sexes, en costumes de la « Belle-Jardinière » ou du
« Pont-Neuf » !...

Quant au culte, aux rites du Coran, ils n'ont pas été abolis
à proprement parler ; la majeure partie des 360 mosquées

ne sont pas désaffectées, et l'infidèle est obligé de chausser des sandales pour y pénétrer librement. Le vendredi, jour saint, n'a pas perdu toute sa clientèle de fidèles... Mais si le muezzin lance l'appel de la prière trois fois par jour, il le fait pour la satisfaction des derniers croyants qui l'entretiennent. Le *spirituel* est, par la jeune république, séparé de l'officiel ; la Turquie moderne n'a plus de khalifat ; elle a un président, et les croyants sont des citoyens qui s'affirment, pour la majorité, libres-penseurs.

Ainsi sont tombés, comme en un gouffre, tous « oripeaux », disent les chefs du mouvement : habits, mœurs, croyances, préjugés. Pacifiquement? Je n'ose l'affirmer — et pour causes plus ou moins secrètes ; la poigne du gendarme et du soldat turc, solidement encadrés, a toute sa vigueur et la corde, si elle se mesure maintenant au mètre, n'a pas disparu des geôles.

Avec ces témoins « abhorrés d'un odieux passé », ont donc été balayés de Constantinople et relégués dans les musées ou bibliothèques de l'univers, les tableaux, les littératures, les ciselures de yatagans et les broderies de tissus précieux qui étincelaient dans les entrées solennelles de sultans ou dans les batailles, aux coursiers fougueux et caparaçonnés de bijoux. « Oripeaux d'Orient ! »

Il m'est permis, vieux musulman de cœur, d'en gémir avec mes amis d'Afrique et des Indes (au nombre de 80 millions, croit-on), qui m'ont inspiré la vénération du Coran, et de ses préceptes d'existence hygiénique et morale.

Qu'en pensent-ils ?

« **Toi, El Hadji Mohamed ben Sliman, vieux et honoré**

marchand d'esclaves qui continues prudemment, au Maroc, ton commerce, sous le protectorat français, en entretenant des nègres superbes, qui produisent pour toi, à domicile, de remarquables marchandises humaines, que tu « donnes » à tes amis, — Ben Sliman qui me reçois si bien, sur tes tapis moelleux, as-tu perçu le fracas de ces déchirements du Coran?

« Il est vrai que tes fils et frères ont combattu à nos côtés et que le khalifat de Constantinople n'était pas le leur, mais tu faisais chanter les mêmes saints versets et tes muezzins modulent les mêmes appels et les mêmes invocations au Très-Haut.

« Alors, que penses-tu, homme saint, de ce bouleversement de Stamboul ? »

Et Hadji Mohamed ben Sliman ne répondrait rien à ces interrogations, indiscrètes, d'un Roumi. Il se contenterait de dérouler son chapelet et de murmurer « qu'Allah est grand ». A Stamboul, Allah a voulu que d'autres temps s'accomplissent... Que sa volonté soit faite.

C'est tout. Ben Sliman continuera de nous être fidèle et les nouveaux Turcs de Stamboul, de leur côté, agiront à leur guise. La guerre a voulu ces bizarreries. Que chaque homme suive sa destinée. Il n'y a pas de *lien politique* entre elles ; le Coran est si saint qu'il domine les volontés terrestres.

La Turquie modernisée peut parcourir son nouveau chemin, en costumes d'Occident; — nous, le nôtre, sous le burnous et le Croissant. Il n'y a rien à redouter de ce côté.

Vues politiques. Donc, le Traité de Sèvres étant subi par elle, ce traité dur, encore regretté parce qu'il consacre de discutables répartitions de territoires selon les chiffres, controversés, des populations, la Turquie a brûlé les effigies grotesques du Sultan Guillaume II, et elle a voulu entrer, à son tour, dans le « Concert européen ». Elle y a été accueillie avec des marques d'estimes et d'amitié qui varièrent, selon les variations mêmes de son humeur propre. Elle est souvent hautaine et fait volontiers claquer les portes ; on vient de le noter à Genève. Bref, ballottée (et éclairée aussi) entre cent et cent intrigues pour les pétroles, pour les chemins de fer, pour le traitement meilleur des Arméniens et la paix avec les Grecs, — la Turquie a résolu de faire figure de grande personne morale, comme M. Briand a dit de la France, et, toutes proportions gardées, elle s'est modelée sur celle-ci, de son mieux.

Enfantillage? Caricature? Plutôt modelage, hâtif, improvisé, mais modelage. Le peuple s'y est prêté ou s'est courbé, ancestralement. Son élite a fait ses études à Paris et dans les universités anglo-saxonnes, autant qu'à Berlin, dont le lourd militarisme scientifique a été réprouvé par suite de sa faillite au front.

Et alors on a vu, grâce aux soldats, se fonder la République de Mustapha Khemal, assise à Angora, où se trouvent les ambassades ; on a vu naître un Parlement, s'organiser un mode de suffrage populaire ; on a vu refondre, ces jours derniers, les codes et appliquer le Code civil suisse ; bref, toute une organisation européenne a posé ses assise sur un pays en apparence nouveau, calme ou résigné.

L'œuvre n'est qu'esquissée. Il ne suffit pas de changer des textes constitutionnels, de rebaptiser des fonctions, en modifiant des uniformes et des costumes. A cette européanisation subite, maintes réformes, nécessaires à un vrai progrès et à la stabilisation d'une prospérité reconquise, s'imposent désormais. Programme immense d'œuvres dites sociales, de travaux publics, d'éducation réelle des masses. C'est là que l'aide titulaire de la France est désirable.

Je n'ai pas eu le plaisir d'aller jusqu'à Angora, pour serrer la main de mon ancien ministre, Albert Sarraut, qui a accepté avec dévoûment la tâche de nous représenter auprès de Mustapha Khemal, mais je crois savoir qu'il n'est pas éloigné, tant s'en faut, de partager ces idées généreuses. Son entregent, sa chaleur de parole ont été appréciés de la Turquie nouvelle et les résultats de la politique qu'il suit, auprès d'elle, sans éveiller de susceptibilités rivales, ont abouti à un relèvement de notre crédit.

Les entreprises françaises sont protégées, voire encouragées ; nos écoles se rouvrent ; nos professorats reprennent leurs cours bienfaisants...

Inschallah, mon vieil El Hadji Mohammed ben Sliman. La Mecque n'est pas aux mains de l'infidèle. C'est l'essentiel. Laisse tourner le kaléidoscope de la vie.

CHAPITRE VIII

CROQUIS DE RUES A PERA ET STAMBOUL

5 Mars.

Mosquées, Au-dessus de la mer qui est de teinte
minarets, forts jaunâtre, les rives s'élèvent peu à peu ;
et casernes. des collines se forment, puis tout à coup un
« globe », deux, trois, dix, à droite, à gauche,
s'arrondissent ; ce sont les premières basiliques ou
mosquées ; des clochetons, des minarets, autour ou isolés,
c'est-à-dire des aiguilles fines et pointues qui rayent le ciel,
perpendiculairement, comme feraient de gros fils blancs sur
un voile de soie bleue ; encore des mosquées, flanquées
de sept ou huit coupoles, pâtés d'enfants sur le sable,
et des bâtisses modernes, jaunes, roses, qui sont des
casernes ; une tour « du moyen âge », des forts à demi
démantelés ; des minarets, toujours...

Le silence, un triste silence... Des cris de mouettes qui
nous ont accompagnés, en route... Quelques appels de
sirènes, quelques bateaux de pêche. De gros paquebots, en
marche, ou stationnant, là-bas, dans le fond des méandres de
ce golfe que la nature et l'homme, toujours sur ses gardes,
ont si bien défendu.

C'est Constantinople, qui se dévoile, sans l'éblouissement espéré... Voilà la cité des 360 mosquées, la proie des soldats pillards, dont l'histoire mouvementée et les splendeurs ont captivé des multitudes de gens de lettres et de peintres... Impression, actuelle, de *force*, de *pérennité* de la dernière race conquérante, la Turque, qui s'est agrippée à ces superbes architectures bizantines, qu'elle a transformées à sa façon, en sanctuaires du Coran d'abord, puis en casernes.

Les portefaix. Mais attendez : on ne débarque pas à Galata (qui est la *marina* de Constantinople) à la bonne franquette, les mains tendues vers des mains secourables et douces ; celles avec lesquelles on prend contact sont terriblement sales, rapaces et tenaces. Les bateliers et plus loin les portefaix constituent une populace qui n'a de similaire nulle part. J'ai connu les désagréables assauts de Tanger, Casablanca (avant le port), Colombo, Bombay ; c'étaient ordre et bienvenue à côté des scènes de sauvagerie de ce port. Le gouvernement turc, qui a soif de réformes, doit à son orgueil d'en effectuer une là, au plus tôt.

Les quais sont insuffisants pour le trafic ; c'est en vain que les arrivants tentent de s'assurer une place d'abordage ; les Messageries en ont une, particulière, mais elles en jouissent rarement. Le plus souvent, le bateau stoppe à un ou deux mille, et il est entouré d'une escadrille de barquettes pointues, montées par deux ou trois gaillards hirsutes,

Intérieur du Saint-Sépulcre.

Marchands d'oranges sur la route de Jéricho.

Ph. de St. M.

Le tombeau de Lazare.   Femme sur la mer Morte.

dépenaillés, hurlants, qui se gourment. Un assaillant tombe à l'eau : sans intérêt. Le tapage redouble. Les Messageries ont leurs embarcations, avec leur pavillon propre, sur plusieurs embarcations, mais comment s'y asseoir ? De palier en palier, les dames sautent par-dessus les bordages gluants et s'assoient pantelantes.

Au débarcadère, même *steeple* : des monceaux de colis, des paquets « en mouvement » sont autant d'obstacles. « En mouvement »? Oui, il y a, dessous, un moteur humain, c'est le portefaix, une créature qui descend directement du gorille et qui fait son dur métier le plus fréquemment à quatre pattes. Comme sa force, légendaire, est sans limites apparentes, le portefaix se glisse sous la charge, la soulève, se courbe, et s'avance ainsi, en rampant.

Des agents de douanes, en casquette, très corrects, président ce charivari. Leur surveillance est implacable vis-à-vis des étrangers ; mais personne n'intervient pour établir un semblant d'ordre.

⁓⚜⁓

Les passeports. En effet, la Jeune-Turquie est extrêmement soupçonneuse. Elle sait ce que sont les complots, et elle entend repousser tous indésirables qui, dans de telles conditions d'arrivée, se glisseraient aisément. Elle est *nationaliste,* d'une manière absolue, farouche. Elle le manifeste sous tous aspects d'autorité rude, par les mesures les plus inattendues. Pour le débarquement, les passeports (qui ont acquitté à Paris

6

des droits très élevés, car le périple méditerranéen coûte,
à chaque voyageur, 250 francs, de nation en nation) ont
été visés, à bord. Les préposés ont été minutieux, mais polis,
devant les impatiences de nos compatriotes ; — le Français
bénéficie d'une cordialité évidente ; — à terre, à travers
des salles où veillent des yeux perspicaces, second visa et
dépôt du passeport, qui ne sera rendu à son propriétaire
qu'au retour, après un examen sérieux, sans doute. La
Turquie veut être « chez elle », entre Turcs.

Par la ville, on observe ce nationalisme dans quantité de
petits faits. Notamment, le corps des *guides* a été épuré
avec soin ; on en a exclu les Grecs, Roumains, Bulgares, et
ils portent des brassards numérotés ; leurs services sont
taxés à un haut prix, — dix francs l'heure; leurs boni-
ments sont secs et probablement épiés.

Ces rigueurs s'étendent jusqu'à l'alimentation. Voici
qu'hier un décret a interdit toute consommation de whisky
(et de wodka, similaire) dans l'Empire. L'Anglais sera privé
de son liquide sustentateur ; on ne l'aime pas, ouverte-
ment. On ne lit pas dix affiches en anglais, dans Constantinople. Toutes sont rédigées en turc, avec traduction en
caractères français, sur les tramways, les devantures, les
menus de restaurants, les programmes de cinémas, qui sont
à l'instar de Paris, *Chat-Noir, Moulins, Alhambra, Eden...*

Nationalisme et francophilie ! Je ne me leurre pas et je ne
cherche pas à tirer des conclusions et à proférer des prophé-
ties... Ce monde nouveau est bourré d'idées anciennes,
d'essais, de sentimentalités et d'habileté, peut-être.

Il y a tant et tant à voir dans ce chaos qu'en un mois

on n'en détaillerait pas les merveilles et les singularités. Il faut, en un tournemain, passer devant les plus respectées, saluer et courir vers d'autres. Les notions d'histoire, d'art, de sciences, les pages de littérature célèbres, les grandes toiles de musées s'agitent dans nos cerveaux, avec les noms des empereurs aux nimbes d'or, sur les fonds de mosaïques, — avec ceux des sultans empanachés et cruels, — avec les armures des chevaliers, — avec les rapides passages des derniers khalifes qui se protégeaient contre les bombes derrière les rideaux de troupes, — avec les palais, les harems, les cimetières.

Comment démêler ces obsessions ? J'y renonce, d'autant plus que, je l'ai déjà dit, c'est presque « du passé ». Je flânerai donc, les mains aux poches ou le kodak braqué sur tous et toutes choses. Le Coran ne tolérait pas la reproduction de la figure humaine, mais le Coran n'est plus ici que pour de très vieux Turcs, qui le marmonnent, à huis clos.

En avant donc, d'un pied léger et libre ; les rues sont bien pavées et suffisamment propres.

Voici des *vues sur...* Galata, Pera, Stamboul, qui sont les trois parties de Constantinople ; deux ponts, vieux et neuf, les soudent. Scutari, sur la côte d'Asie, qu'on peut considérer comme une quatrième partie de Constantinople, étale une formidable nécropole, rêve de tout bon Musulman. A l'entrée de cette sorte de faubourg, ce qui a le plus attiré mes regards, négligeant mosquées et palais, c'est la station de départ du chemin de fer de Bagdad.

Voilà une des têtes de la *Route des Indes*.

VIEILLES MAISONS ET PALAIS. — Je détache au hasard, de mon carnet, les notes suivantes :

Du port, des autos, des taxis confortables (15 francs les deux kilomètres) nous emportent. Création de ces jours derniers. Nous franchissons, sous les bâtons d'agents, les remous de mendigots et marchands de cartes postales (10 francs la douzaine, mais il n'y a pas lieu de s'effaroucher ; le rabais moyen est de 50 p. 100) ; nous traversons Galata, quartier des portefaix, des mariniers, quartier sinistre avec ses ruelles noires pleines de coupe-gorges, en pentes raides. Ce n'est plus la joie bon enfant de la *marina* de Naples, avec ses guenilles effilochées, au soleil. Les plus pauvres « bibines » ont des revêtements de bois, vétustes et branlants, où s'accrochent des *moucharabiehs* également en piteux état.

Un peuple européanisé remplit les échoppes pleines de fritures, de montagnes de pâtisseries à la graisse de mouton ; *loukoum*, naturellement, cette pâte à la rose qui est agréable, bien préparée. On n'entend guère de bruits ; il n'y a pas de joies publiques, de musiques. Des agents sont aux aguets partout.

Mais, ces misères étant laissées derrière nous, voici, dans la rampe qui monte vers Pera et qui est desservie par des tramways électriques, une double file de palais modernes. Ce sont les hôtels internationaux et les banques, avec leurs halls parisiens, où j'ai la satisfaction confraternelle de lire, affichées, les feuilles quotidiennes de notre excellente *Agence économique et financière* en rapports avec tout le monde de *grandes affaires*... Luxe et décadence, en saisissant contraste.

Dans Pera. — Pera était, naguère, presque réservé
aux Européens ; Stamboul était turc ; mais les deux quartiers, limitrophes, grimpant la colline, vers les mosquées, se
sont pénétrés : identique circulation de foule, dense et
animée à Pera, qui est formé, principalement, d'une large
voie, avec de petites tranversales où se garent les automobiles. Les trottoirs sont garnis de boutiques parisiennes,
de restaurants, de pâtisseries alléchantes, avec dancing. A la
nuit, même pendant les nuits froides, comme celle-ci, les
devantures flamboient et le commerce, en général, ne cesse
qu'à une heure très avancée. C'est un des avantages de
Constantinople sur la plupart des autres capitales.

Foule nouvelle pour moi... Chemin faisant, j'observe,
avec une obstination amusée, ces passants qui nous
coudoient, qui s'effacent avec une grande politesse; je les
ai vus, autrefois, dans ce Pera, mais c'étaient des Grecs,
Anglais, Américains, ou des Turcs « civilisés ». Maintenant,
ce sont des habitants de Stamboul, de Scutari, des villes de
l'intérieur, qui vont, viennent, causent, achètent, vendent
« comme nous », en badauds, en négociants pressés... Ils
m'excuseront de ne pas les juger très décoratifs ; pour se
vêtir à la dernière mode de Paris, le temps leur a manqué ;
cependant, il leur sera pardonné parce que, dans leurs
rangs uniformisés, se faufilent, bavardent, minaudent
à qui mieux mieux, des jeunes femmes, trottins, citadines
ou professionnelles, qui relèvent gracieusement ce nouvel
ensemble vestimentaire et social.

On dirait d'elles qu'elles courent vers les *Galeries*, le
Louvre ou le Bois de Boulogne, ou qu'elles trottinent vers

les Buttes... Elles ont la jupe courte, sur le bas chair ; beaucoup ont chaussé de minuscules bottes ; sur la tête, elles ont enfoncé un « melon » de feutre multicolore ; elles ont les cheveux coupés, et leurs frimousses sont charmantes ainsi ; les yeux sont encore cerclés de noir ; les chevelures encore teintes au henné ; le pas est alerte, dégagé.

Harems, mystérieux harems, *hanoums* ignorées de l'Infidèle (disait-on), *hanoums* emmitouflées, fuyant naguère, le long des maisons fermées, d'un pas précipité, qu'êtesvous devenues ? Et vous, les *grosses* Turques de la légende, qui étiez en faveur, en quelles oubliettes Mustapha Khemal vous a-t-il enfermées ?

A Stamboul, l'aspect et les mœurs des femmes de la bourgeoisie et du peuple se sont également transformés, mais plus discrètement. Elles vaquent à leurs occupations familiales, au dehors, en robes noires simples ; elles ont couvert leur tête d'une soierie qui forme une calotte, assez laide, laissant à découvert les traits qui sont fins, bien dessinés... Aucune gêne sous le regard audacieux de l'Européen ou devant son kodak.

RESTAURANTS. — Badauderie inévitable... Nous avons, tous, voulu manger à la turque. Sur ce chapitre, le nationalisme triomphe tout à fait. Des restaurants à tous prix, c'est-à-dire à prix élevés, s'ouvrent tous les cent mètres, car le Turc fut toujours gros mangeur. Ils n'offrent que des

mets nationaux. Leur disposition appelle, éveille l'appétit ;
riches ou modestes, ils comportent, dès l'entrée, un étalage
des nourritures déjà préparées et, en face, à gauche, un
fourneau où le cuisinier achève d'exécuter le menu. Le
client choisit son plat selon la constatation visuelle de sa
perfection culinaire : agneau rôti, entier ou enfilé sur des
baguettes ; poulets bouillis ; poissons frits à la graisse de
mouton ; fèves, haricots, choux garnis de saucisses d'a-
gneaux ; pâtisseries crémeuses, très sucrées (le Turc consomme énormément de sucre, monopole de l'État), vins
locaux, rêches et lourds... Bref, de quoi entrevoir, pour 15
ou 20 francs le plat, les béatitudes d'Allah, quand il exis-
tait, l'Immortel...

ANTIQUITÉS ET DÉPOUILLES RUSSES. — Un autre tour
indispensable, c'est celui des magasins d'antiquités. L'*antique* était, avant la guerre, puis avant l'ère européenne,
beaucoup fabriqué à Munich, centre mondial de faussaires,
qui excellaient à patiner une médaille de *basileus* ou un
poignard de notoire assassin. Munich a fermé ses usines et la
Russie, par contre, a ouvert les écluses à ses dépouilles. Dix
boutiques, au moins, en sont bondées.

Capharnaums indescriptibles, lamentables ; cimetières
de bonheurs et d'intimités. Les réfugiés du bolchevisme,
pendant les phases de la secousse slave, ont fui avec des
bagages à mains et se sont entassés, vieillards et jeunesse,

dans des taudis de Galata et Stamboul. Ils ont bientôt vidé leurs sacs et leurs poches dans les magasins de Pera, ouverts *ad hoc*, et on y voit des orfèvreries armoriées, des bagues, fourrures, portraits, manteaux ; des livres d'heures enluminés, des sabres, revolvers, samovars, croix de Sainte-Anne, une foire aux puces artistico-aristocratique qui dit d'indéniables souffrances et horreurs.

Ces misérables, ruinés, et continuant à boire de la *wodka* pour oublier et pour se réchauffer, ont liquidé leurs derniers vestiges de grandeur et de prospérité et ont fui vers nos garages d'automobiles, où ils sont chauffeurs, ou nos *boîtes*, où ils sont danseurs, le derrière à terre, les bottes vernies lancées en avant, ou chasseurs équivoques... Mais les femmes, où ? Et les vieux ? Et les enfants ? Disparus. Le cœur se serre, malgré les fautes commises, malgré l'incroyable fatalisme rêveur de cette âme slave, qui nous a trompés et qui se courbe sous la férule sanguinaire de la Tcheka.

Avec ces reliques, les Juifs — ou les Russes — qui tiennent ces comptoirs vendent des étoffes brodées, dites uniformément de «Boukara », des colliers et chapelets d'ambre sans valeur ; quelques poteries, bleues, du genre des poteries de Nabeul, en Tunisie. Bric-à-brac insignifiant, qui atteste le besoin d'une rénovation d'un artisanat local ; une réforme de plus ! On achète ou on marchande sans difficultés : le Juif ou le Russe accepte immédiatement d'être payé en billets français, car, si le franc est tombé au cours que l'on sait par rapport à la souveraine livre anglaise, il conserve tout son pouvoir de confiance. Les

gamins, sur le quai, cèdent une « jolie canne » avec joie
pour un de nos billets de cinq francs. C'est commode, car
le change, en piastres turques (15 cent.) empoisonnerait
ces flâneries

STAMBOUL, CITÉ DES MOSQUÉES. — Le lieu principal
d'attraction irrésistible est, dans Stamboul, *Sainte-Sophie*.
La lorgnette la cherche dès que le *Lamartine* s'est approché
du mouillage... Voici un énorme dôme avec six *minarets*?
Non ; celui-là s'appelle la mosquée du sultan Achmed.
Il détourne le regard de Sainte-Sophie, car il est plus élevé,
plus volumineux d'ensemble. Sainte-Sophie se dresse,
non loin de lui, au cœur de Stamboul, à peu de distance
du Bazar, lequel est sans intérêt pour qui a goûté le fourmillement et les trouvailles des *souks* de Tunis, Fez et
Marrakech.

Il est inexact d'écrire que Sainte-Sophie « se dresse ». En
réalité (construite sous Théodose, vers l'an 600), elle remplit
le fond d'une vaste place, mais elle ne domine pas cette
dernière, par une façade imposante ; elle est toute en une
masse, sans élévation extérieure de ce côté. Elle n'émeut
l'esprit qu'à l'intérieur, une fois son porche franchi. Alors,
on a la tête comme perdue, sous cette coupole aux dimen-
sions extraordinaires, aux parois si élevées, pleine d'une
lumière éclatante. Quel dompteur de la pierre, quel prodigieux assembleur de lignes harmonieuses et solides, fut

l'architecte qui employa à cette œuvre énorme seize ans
de temps, seulement, et les bras de cent mille hommes !
Et quel cadre pour les cérémonies chrétiennes, pour les
Conciles, qui le remplirent de pourpres et aussi pour les
massacres, car, lorsque Mahomet y eut poussé son cheval,
il donna sur place l'ordre de l'extermination des chrétiens,
qui se poursuivit dans la cité entière.

Toutefois, l'imagination est désillusionnée, qui croyait
être frappée par les reluisances d'« ors bizantins ». Les Turcs
de Mahomet ont badigeonné les peintures saintes, et, par
la suite, chaque sultan a fait apposer, aux murailles en
grisailles, sa signature gigantesque, noire ou bleue, sur
des panneaux ronds, suspendus à de formidables hauteurs...
En somme, on n'a, dans cette nef vide, qu'une sensation
de mystérieuse solennité d'un vaisseau architectural
sans égal par ses proportions colossales et équilibrées
merveilleusement.

Devenue mosquée, Sainte-Sophie a eu — et a conservé
— les habituels ornements et matériel cultuels : *mirab*,
beaux lustres, chapelles latérales, galeries closes des
sultans et des femmes... Dans un coin, une pierre miraculeuse guérit les maux d'oreille, chez quiconque la touche.
Les doigts y ont creusé un trou... Prudent, regardant
autour de lui, un croyant, devant nous, s'approche, fait
le geste rituel, et s'esquive, sur les tapis de grand prix qui
couvrent le sol entier et que nous foulons gauchement, Roumis, avec nos sandales, chaussées à la porte.

Après Sainte-Sophie, il n'est plus possible, semble-t-il,
de s'enthousiasmer pour d'autres lieux saints ; l'un d'eux,

la mosquée de Kakhrieh, possède de rares mosaïques ; un autre, la mosquée de Suleimanieh, se compose de vingt-quatre colonnes magnifiques supportant vingt-quatre coupoles et est voisine du beau tombeau du sultan Soliman... Quant aux églises, pour le culte catholique uniquement, on compte à Constantinople vingt-sept congrégations, enseignantes ou bienfaisantes, qui ont toutes leurs autels.

LE CHANT DU MUEZZIN. — Dans le soir, près d'un des ex-sanctuaires musulmans, une modulation est venue frapper mon oreille... Elle disait, clairement pour moi, *Mohamed el Rassoul Allah...* Elle tombait, perçante, du ciel, d'un minaret... Eh quoi, le Muezzin ? Et la prière du soir ? Qu'ils soient enfin les très bien accueillis, avec le recueillement et l'agenouillement des fidèles, avec le balancement des corps tournés vers La Mecque... Je levai les regards. C'était bien le Muezzin, qui jetait le saint appel aux quatre horizons, mais quel accoutrement ! Il était coiffé d'une vieille casquette de jockey et recouvert d'un veston de débardeur endimanché. Il priait tout de même, parce que, le vendredi, il aurait quelques clients généreux, mais combien sa voix me paraissait plaintive, et douloureusement évocatrice du passé glorieux !... Illusion, sans doute? Le Saint Écrit n'a pas besoin d'un ornement splendide ?...

Et, encore, ce tableautin religieux : dans une chapelle

latérale de Sainte-Sophie, un gamin, porteur du béret basque, fait ses classes ; il apprend, en les récitant, seul, les versets du Coran ; il est assis sur ses jambes croisées, et son corps fait le pendule d'avant en arrière sans arrêt. Il est tout à sa tâche, tout à sa foi, il ne nous regarde même pas. Un des derniers croyants. L'école est libre-penseuse, officiellement.

LE CAOUEDJI. — En sortant de Sainte-Sophie, j'ai interviewé le *caouedji*, le cafetier, l'homme qui, en Orient, est un personnage ; il distribue ces petites tasses remplies d'un liquide roussâtre, parfumé selon le prix qu'on y met, accompagnées, sur le plateau, d'un verre d'eau. Ce caouedji est à son aise, assurément ; il a une bonne mine turque, autoritaire, un nez fort, recourbé, une barbe fraîchement taillée, en tour de visage (les vieux ont la barbe épandue sur le gilet). Il est affairé, avec sérénité. Ses clients sont une dizaine. Quelques-uns consomment ; la plupart ont l'œil vague ou aux aguets ; la consommation n'est pas obligatoire, dans ces établissements ; on s'assied et on attend l'heure. Un client est très préoccupé, pourtant : il tire des bouffées du narghileh mis à la disposition des passants ; il observe les ronds de fumée et est plongé dans la béatitude ; il paiera 1 fr. 50 (10 piastres) sa tournée. Au-dessus de sa tête, roucoulent des pigeons ; Sainte-Sophie, ainsi, rappelle Saint-Marc, de Venise, sans autant d'ors et de couleurs byzantines.

Donc, mon caouedji m'a considéré, m'asseyant, avec

sympathie; il s'est approché et m'a dit: « Bonjour, monsieur le Français. Bien venu. » L'entretien était amorcé ; il a porté sur les difficultés de l'existence et il m'a renseigné utilement.

« Le peuple paie très cher les légumes et ne consomme plus autant d'agneau qu'il faudrait pour les fêtes ; il paie des impôts... gros...   tandis qu'en France on n'en paie pas... Lisez, monsieur le Français, le *Stamboul* (journal français) de ce matin. Vous ne voulez pas payer. Nous, ça va autrement. Il y a du danger à refuser les taxes. » Et sa main dessinait, au-dessous de la ramure maigre de la vigne qui formait pergola, la silhouette d'un pendu.

« Eh, continua-t-il, la police est vigilante, mais il faut cela, pour que la Turquie soit puissante et nationale. »

Ce résumé m'éclairait assez sur les sentiments du peuple. J'ai remercié ce sage et j'ai refusé mon tour de narghileh, car je n'avais pas en poche l'embouchure de l'instrument, que chacun a sur soi et apporte au café.

⤖

EL EYOUB ET SES CIMETIÈRES. — Nous avons fait en automobile et à pied, durement, le pèlerinage d'El Eyoub, qui est classique, en art et en littérature. Il cerne la *Corne d'Or*, golfe intérieur, aux eaux calmes, aux barquettes glissant sous la voile en triangle. C'est tout le romantisme orientaliste, et tout ce qui l'a suivi, de nos jours. Une grande mélancolie, en effet, tombe du ciel et sourd des tombes, nombreuses comme les grains de sable des grèves, qui héris- .

sent leurs stèles en ce quartier incommensurable. Elles sont aujourd'hui muettes, faute de visiteurs.

. El Eyoub, où dort Aziyadé, peut-être, commence au Vieux Pont. Durant quelques kilomètres, il suit les méandres d'une énorme ceinture de vieilles murailles, très bien conservées, couleur roussâtre ou fauve. Elles ne protègent plus que des morts. Les autos sautillent devant des maisons à moucharabiehs de bois, souvent inhabitées. Ce sont les morts qui habitent ce quartier et, en effet, voici les premiers ; voici le début de ce cimetière côtier, ininterrompu jusqu'au haut de la colline qui domine la Corne d'Or.

Les tombes sont ornées, selon les fortunes et les goûts, le plus diversement. En majeure partie, elles sont constituées par des plaques de marbre, debout, terminées par un ornement qui a la forme d'un turban... D'autres, plus récentes sans doute, ont des airs prétentieux de nos sépultures bourgeoises du Père-Lachaise... De loin en loin, des bouquet de cyprès s'inclinent au vent... Puis le funèbre alignement, net, froid, ordonné, reprend sa ligne courbe, franchit des ruelles, s'étend de nouveau, jusqu'à une mosquée célèbre, où des sultans venaient prier. Un d'eux y a été enseveli ; on voit sa sépulture à travers la vitre d'un judas ; elle est faite d'un monticule de broderies d'or, de draps d'or, de marbres incrustés d'or.

Dans la cour, un gigantesque platane ; une très jolie fontaine autour de laquelle volettent les pigeons familiers ; pas de gardien... C'est la mort, la mort douce, pas apitoyante, mais engourdissante. Au bord de la *Corne*, un café qui a l'air modelé sur nos guinguettes suburbaines ;

des soldats qui débarquent des munitions, sans s'inju-
rier... Et, toujours, là-bas, en regardant vers les cyprès de la
colline, les stèles et les stèles... C'est bien une forte mais
navrante poésie qui enveloppe ces marbres, lesquels
dénombrent les victimes des massacres, des incendies et
des pestes. Elle est attachée à l'âme de tout croyant qui ne
songe qu'à un sommeil éternel placide, en terre consacrée
et, à notre tour, nous ne pouvons ne pas nous en sentir
imprégnés, mais nous la sentons affaiblie, endolorie,
étouffée sous les édits novateurs... Adieu ! Aziyadé.
Ta tombe est, aussi, délaissée. Les femmes se promènent
dans la cité des vivants.

❦

Sur le Bosphore. — Une promenade sur le Bosphore
figure au programme. Elle emploie un après-midi, et c'est
beaucoup, car les bateaux, semblables à nos *Hirondelles*,
sont inconfortables, mais elle passe en revue les palais
d'été, les plages, les villages coquets, nichés dans la verdure enfin, ce qui est un soulagement pour la vue, fatiguée
par tous ces marbres et toutes ces coupoles. Palais de
Dogmabatché ; palais d'Ildiz Kiosk, où Abdul-Hamild
était enfermé ; palais, à Thérapia, des ambassadeurs qui
passaient les étés sur ces belles rives.

En plus, on note, à chaque débarcadère, que les villages
de l'intérieur doivent être populeux et prospères ; les passagers qui descendent ou montent ont un aspect aisé ; bonnes
manières, obligeantes... *L'Hirondelle* vire enfin à l'entrée

de la mer Noire, d'où s'envole vers nous une nuée de souvenirs : notre escadre, en guerre, monta la garde sur ces flots sombres... Elle était commandée par le vice-amiral Charles Amet, qui sauva le *Mirabeau*, échoué et qui tint avec fermeté et fierté le pavillon devant le bolchevisme. Il faut « vouloir », dans ces pays.

La nuit est tombée. Constantinople étincelle d'un million de feux qui semblent envahir le firmament. Vie nocturne intense. Bon dîner, turc.

A quai, les douaniers et les portefaix sont couchés. Le batelier est presque aimable. Il a entendu notre appel : *Messageries*. C'est comme un mot de passe. Nous réintégrons notre cabine du *Lamartine*, avec la tête bourrée de ces visions d'art et de disparates...

N'y a-t-il plus d'Orient?...

La mer Morte.

GETHSÉMANI. (Le Jardin des Oliviers).

Phot. Mme Maillien.

CHAPITRE IX

SMYRNE, RHODES ET LA COTE

Smyrne la blonde. Deux nuits, une journée de mer. Près de la sortie du Détroit, on nous indique, très apparente, la coque glorieuse de notre cuirassé le *Bouvet*, et nous la saluons avec une patriotique et cruelle fierté. Puis apparaît Gallipoli, amas de verdures, de forts et de casernes, où sont ensevelis tant de nos marins et soldats, auxquels s'adresse notre même pieux hommage. Enfin, le *Lamartine* s'engage dans les Iles. Elles nous paraissent, en cette saison, sévères et « terreuses ». Les aviateurs, d'en haut, les apercevaient, pendant les beaux mois d'été de la guerre, comme des pierreries enchâssées dans du saphyr.

A huit heures, débouché sur Smyrne, et ce furent délices.

Délices pour les yeux, pour tout le corps, libéré des froids secs et venteux de la Grèce et de la Turquie. Le soleil luit, et cette côte d'Asie est, sous ses rayons chauds réellement blonde, bleu clair et rose pâle. Ces nuances fines et inanalysables se marient adorablement. Elles ne cernent pas les objets, les maisons, les silhouettes ; elles les baignent d'effluves de lumières transparentes. Smyrne

7

sommeille, au milieu, sur deux rives et sur un fond de rade qui n'ont, par ailleurs, aucun autre attrait que celui de l'atmosphère limpide. Au-dessus, un fort turc se dessine crûment, interdit à tout visiteur.

Smyrne n'a qu'un intérêt commercial, qui est très diminué. En effet, la ville, qui comptait 400 000 habitants en 1922, vers la fin de cette année a brûlé, pour la plus grande partie. Le quartier grec, au centre, sur la *marina*, a été anéanti, et le désastre s'est prolongé, en longueur et largeur, sur 1 ou 2 kilomètres. 200 000 habitants se sont sauvés sur des bateaux d'abord, puis dans les îles, à Athènes, au Caire, où ils se sont groupés par nationalités. On a déblayé et mis en tas les décombres : hôtels, consulats, théâtres, maisons du peuple sont à relever.

En Grèce, il est probable qu'un Mécène, comme il s'en rencontra pour le Pirée, le Stade, etc., utiliserait ces moellons. Mais nous ne sommes plus en Grèce... Nous sommes en Turquie, « sans y être » peut-être, tout à fait... C'est-à-dire que, pour la première fois, se dévoile aussi nettement l'imbroglio des nationalités et des religions, qui rend si difficiles le maintien de la paix et la rédaction équitable de traités.

Comme à Smyrne, partout, les nationalités et les croyances veulent s'affirmer, avec leurs mœurs et leurs ambitions. On prend comme bases de conventions les statistiques de populations, et celles-ci sont constamment contestables ou inexactes.

Vainement des quartiers entiers, occupés chacun par une *colonie*, sont formés. Ainsi à Smyrne. Une promenade en voiture, autour de la ville, jusqu'au fort turc et au panorama, splendide, qu'on découvre, souligne ce séparatisme. La caravane traverse un quartier, agreste, qui est absolument semblable à notre Provence ; ce sont des *mas*, avec des oliviers, des fontaines, aux environs d'un grandiose aqueduc romain, ruines romantiques, italiennes. Il y a là des Italiens et des Grecs...

Plus loin, des boucheries, des échoppes sales, des groupes de femmes en noir, nous ramènent en Turquie ; plus loin, encore, on nous désigne des Arméniens, échappés par miracle à des pendaisons fréquentes... Ainsi de suite... Mais, d'autre part, si elles paraissent agglomérées de la sorte et faciles à contrôler, ces populations émigrent, d'un bout à l'autre de l'année. Elles ont l'humeur vagabonde et commerçante ; elles s'enrichissent, s'appauvrissent fréquemment. En tout cas, elles réclament toujours la suprématie du nombre et de la fortune. Les Turcs, pour le moment, y ont mis bon ordre. Et c'est toujours à recommencer ; par conséquent, la solution du problème du proche Orient n'avance guère.

Le bazar de Smyrne est l'unique occupation de l'après-midi, avec ses pâtisseries, ses fruits, ses fritures et ses quincailleries. Pas un monument. Des tramways tirés par une rosse. Une vingtaine d'autos. Quelqu'un demande où se fabriquent et se vendent les tapis de Smyrne ? On lui indique les bâtiments, vitrés et entuilés de rouge, de l'*Oriental Carpet*, compagnie anglaise, car voici les Anglais, que nous reverrons, en maîtres, à Chypre ; les Italiens, à Rhodes. Jeux de passeports. Tour de Babel. On embarque, sans regrets. La lumière blonde nous suivra jusqu'à la lente tombée d'un mélancolique crépuscule.

Les chevaliers de Rhodes. Hélas ! c'est la pluie, drue, chaude. Pour la première fois de l'année, nous assure-t-on. Antienne connue. C'est grand dommage, car cette île, peuplée de 40 000 âmes, est, paraît-il, en saison, un bouquet de roses et de plantes exotiques, enfouissant des terrasses, des pergolas, recouvrant des vieux murs. Les Italiens, échappés à l'incendie de Smyrne, s'y sont installés, mais misérablement ; les échoppes de la *marina* sont repoussantes de crasse et de vulgarité, recouvertes en plaques de bidons de pétrole. La richesse de l'île est dans la floraison.

Elle est également dans une histoire que je n'ai pas le temps ni le désir de récrire. Rhodes fut le château fort, immense et sévère, des Croisés de toutes nations, qui s'y associèrent, pour la Croix, sous la noble armure de l'auguste confrérie de la Commanderie de Saint-Jean. Il y avait des chevaliers anglais, français, germains, qui avaient chacun la garde d'une des faces du château fort, au bord de la mer et vers les terres.

Ce château fort a résisté aux attaques des Turcs et des années. Il a des remparts aussi hauts que ceux de Saint-Malo ; des salles d'armes, des cours intérieures, chapelles, prisons, comme celles du Mont-Saint-Michel. Il rappelle, vide et sonore, sous ses voûtes en ogives, ces deux merveilles médiévales. Il serait un incomparable décor pour prises de cinématographies.

Un rayon de pleine lune là-dessus et on entendrait s'entre-choquer les armures du sieur Villiers de l'Isle-Adam et des Preux qui, vers 1500, tinrent en échec Soliman.

Plus haut, dans les demi-ténèbres des siècles, on regarderait vers le large, cingler les trirèmes qui se dirigeraient vers le colosse de Rhodes, monstre d'airain, mis debout à l'entrée du port, avec les jambes écartées pour le passage des plus hautes voiles.

Mais il pleut. Retour sinistre à bord, en des barquettes inquiétantes, sur la crête des vagues. Car, dans tous ces parages, le paquebot mouille à grande distance ; les nations européennes, possédantes ou productrices, n'exécutent pas toujours les grands travaux qui seraient utiles à la population même... A quoi bon, alors, les *protéger ?*...

CHAPITRE X

LARNACA ET BEYROUTH

De Rhodes à Larnaca, mer houleuse ; dans ces parages, c'est l'ordinaire. Le paquebot longe l'île de Chypre, dénudée. Il y fera une courte escale, pour montrer le pavillon, car nous débarquerons, dans des barquettes rudimentaires, chez nos amis les Anglais.

Chypre est, encore, un de leurs points d'appui sur la fameuse route. Elle n'a peut-être pas une grande importance ou utilité stratégique, cette île vouée au culte de Vénus, qui n'a que 50 000 habitants, une production de vins renommés (et usurpée), mais les couleurs britanniques y flottent, aux termes du Traité de Berlin (1878). « L'influence » continue de s'exercer. C'est tout. Pour les Anglais, ces installations sont plutôt honorifiques, à l'exception de Malte, centre naval. Ils se contentent de maintenir l'ordre avec quelques agents de police flegmatiques et corrects, point gênants, au débarcadère. Le port de Larnaca est dans l'état le plus primitif, en avant d'une rue côtière, bordée de rudimentaires boutiques. Nous réembarquons en hâte et difficilement.

**A travers
Beyrouth.**
De là à Beyrouth, une nuit de mer et, au réveil, le décor change d'aspect et de caractère ; nous sommes sous nos trois couleurs, et l'ordre, le désir de progrès s'imposent à l'observation, même la moins prévenue. Les étrangers qui sont à bord le disent, les premiers.

Dans ce port, qui n'est pas grand, mais partiellement abrité par un môle de construction récente, on ne voit plus, autour des paquebots stationnants et des barques de commerce, ce va-et-vient, errant à l'aventure, de bateliers rapaces ; le quai est proche et le transbordement facile. Un visa de passeport rapide, quoique consciencieux, et le touriste s'en va, les mains aux poches, de bonne humeur.

Quelques pas faits, cette heureuse impression s'accentue. Beyrouth est une grande ville et non une belle ville, au pied des montagnes du Liban ; sa population augmente rapidement ; elle atteint 200 000 âmes de toutes confessions, couleurs, professions, etc... C'est un peu le refuge des « frères de la côte et de l'intérieur », mais notre gendarmerie sait le maintenir en tranquillité, sans entraves trop paperassières.

De plus, aux arrivants, Beyrouth donne enfin la joie de « cet orientalisme » que chacun de nous, à bon droit, est venu quérir dans ce lointain. Les foules sont telles qu'avant notre occupation, avec des étoffes claires mêlées aux draperies et aux soies noires des voiles rabattus sur les visages féminins ; les hommes ont leur fez ou leur turban, et nombreux sont les vieux barbus qui fument librement le *chibouk* chez le *caouedji*. Le bazar, à ciel ouvert, est formé, sur deux lignes, de ces mille échoppes en planches et bidons de pétrole vides, qui sont remplies de superbes et sucrées oranges de Jaffa, de pâtes, de dattes, de petites glaces à main, de broderies, bref de toute la pacotille chère au flâneur.

Ce monde commerçant est accueillant ; il se prête aux marchandages (50 p. 100), aux questions, inlassablement ; il ne vole pas, ou pas trop. C'est gai, divertissant. On ne sent pas « la terreur », la domination, le complot... Et pourtant il y a de la lave sous pression dans ces milieux de braves gens, si gentils. Ils sont unis pour le négoce, mais la fureur des religions et des passions politiques s'empare soudain d'eux et les détermine aux pires excès... Tout à l'heure, nous traverserons le quartier arménien, formé de ruines et de baraques en planches qui portent les traces de maints incendies et pillages, mais qui renaît, chaque fois, des cendres.

Autre Côte d'Azur. Aucun monument dans Beyrouth ; on n'y distingue que quelques coupoles et des églises, modernes, des différentes sectes du culte chrétien ; un petit musée d'antiques ; des habitations et villas assez somptueuses, environnées des cèdres, qui sont la réputation littéraire du Liban, et dont le bois, employé dans les ameublements, répand une odeur capiteuse.

C'est dans des embellissements de la ville, hors du centre

commercial, et aussi dans celui-ci, que notre administration fait des efforts déjà très notables. Pour l'intérieur, comme les rues sont toutes transversales, en bordure du port, le haut commissaire français, M. de Jouvenel, fait exécuter un projet d'aération et de circulation qui comporte une avenue perpendiculaire à la mer, vers la montagne. D'autre part, il désire aménager cette capitale du Liban à la façon d'un lieu d'habitation agréable pour la population riche et pour les Européens, fonctionnaires ou hivernants.

La disposition de la Côte, vers l'ouest, s'y prête. Elle a, en surplomb des flots, un aspect général de la Côte d'Azur, des roches rouges, des ressacs d'écume, du bleu de roi, des palmiers et orangers. Une Corniche offrira, sur plusieurs kilomètres, un panorama très varié. La couleur libanaise y sera donnée non seulement par les cèdres, mais encore par des vols d'aigles roux, à mi-hauteur des pics.

Les Américains avaient apprécié ces beautés naturelles, car c'est dans ces parages qu'ils avaient pris résidence lorsqu'ils ont essayé la création d'une « colonie » d'action ou d'influence. Ils se sont montrés très bienfaisants, on le sait, donnant largement, puis ils semblent s'être confinés dans le rôle d'observateurs qu'ils tiennent dans la plupart des conseils d'Europe.

Par de larges méandres, la Corniche conduit à la Résidence, siège du Haut-Commissariat, qui a un bon air « virgilien », avec ses portiques à l'italienne, son jardin planté d'essences rares ; on pourra mieux faire, par la suite. C'est

déjà honorable ; en tout cas, les portes s'ouvrent de la
façon la plus affable devant tous les Français.

La montagne du Liban. De là, on gagne la grande montagne, vers les cols du Liban. Les routes, en lacets brusques, sont remarquablement entretenues pour les autos. Et, en cela encore, notre administration excelle ; dès qu'un chef français a planté les
trois couleurs quelque part, il appelle les travailleurs et la
pioche ; les tombereaux transforment le pays et y créent
des chemins, jusqu'à une bonne distance de la ville.

Les cols libanais sont situés à des altitudes de 1 000 mètres
et davantage ; jusque-là, on traverse de petits villages
qui sont habités par des colonies maronites, ou grecques,
ou catholiques, toujours groupées. C'est, par moments,
la mollesse d'un de nos plus charmants coins de nos Alpes
provençales ou la rudesse de la chaîne des Maures. On distingue, aussi, quelques usines où se fait la production de
soie, une des spécialités syriennes, avec les tapis de fabri-
cations locales, qui viennent, à dos de chameaux, car notre
ami d'Afrique, le chameau, lent, dolent, grognon, et son
caravanier ont reparu et nous font le plaisir de tant de chers
souvenirs.

De Beyrouth, enfin, partent, avec les caravanes, les
routes pour autos sur Balbek, aux ruines cyclopéennes,
affolement admiratif des touristes (80 kilomètres) ; sur

Byblos, que les archéologues fouillent ; sur Damas (chemin de fer)... Mais là, pour le moment, *stop*. Les trains circulent, quotidiennement, mais ils sont encore peu sûrs ; les incidents de pillages, tout autour, se produisent ; cependant, le gouverneur de Damas, notre colonial Pierre Alype et sa famille vont, viennent, avec le sourire. D'autres fonctionnaires et militaires, également... Mais on conte que des Américains, qui avaient du reste transgressé les règles administratives, ont été arrêtés, déshabillés et dépouillés, ces jours-ci. Un congrès médical scientifique, qui doit prochainement se réunir à Beyrouth, ira à Balbeck; mais pour Damas, mieux vaut attendre.

✼

Les œuvres d'enseignement. Il existe, en Syrie, quantité d'œuvres d'enseignement français, religieuses ou laïques (les premières plus nombreuses), et aussi des œuvres étrangères (américaines principalement), qui font d'excellente propagande « occidentaliste », au sens plus ou moins libéral du mot. Elles tiennent, naturellement, une place importante dans l'histoire et l'action des nations qui les ont fondées, qui les entretiennent. Au point de vue scientifique, l'Université médicale de Beyrouth, qui a un superbe palais, a une haute réputation.

Il m'eût été agréable d'étudier de près ce mouvement d'émancipation ou d'essais pour la libération des masses ou la création des élites. Mais j'ai estimé que c'eût été insuffisant ou injuste par rapport à la grandeur des efforts accomplis.

Je reproduirai seulement, en ce qui concerne la France et ses établissements religieux, quelle qu'en soit la congrégation enseignante, l'opinion de plusieurs résidents dans ces régions : d'une façon générale, elle est favorable, mais on m'a indiqué qu'il ne convient pas de transformer ce jugement en un argument politique.

On saisira, à demi mots, ce que cela signifie : la France doit, certes, sa protection aux propagandistes français, voire religieux, qui travaillent pour elle et qui la représentent dignement ; ses nationaux les respectent et les saluent au passage ; mais l'influence française ne provient pas uniquement de ces établissements ; elle a résisté et résistera à toutes secousses, parce que le mot, le *titre* de Français a une signification générale de générosité et de tranquillité publiques qui doit aller et qui va en se confirmant.

De Beyrouth à Bagdad et Bombay. Au moment de quitter Beyrouth, j'ai aperçu des automobiles poussiéreuses, chargées de voyageurs emmitouflés et entourés de bagages. J'ai questionné... Ils venaient, fonctionnaires anglais, de l'Irak, de Bagdad avec leurs familles.

Beyrouth, Bagdad, Bombay ? *La Route ?...* On m'a donné à ce sujet les renseignements « commerciaux », que je transcris tels quels, tant j'y attache d'importance.

I. — Les relations entre Beyrouth et Bagdad sont, à l'heure actuelle, régulièrement assurées par des lignes automobiles.

Le principal service est fait, en *convois*, par une Société anglaise, la Société Nairn, qui dispose d'automobiles dont les conducteurs sont tous européens.

L'*itinéraire normal* suit la route Beyrouth-Damas-Bagdad (900 kilomètres à travers le désert).

Les convois quittent Beyrouth chaque jeudi, à 5 heures de l'après-midi ; ils arrivent à Damas le même soir à 8 heures ; les voyageurs couchent à Damas ; ils quittent Damas le vendredi matin, après le breakfast, et ils couchent la nuit dans le désert ; ils arrivent à Bagdad le samedi matin vers 7 heures.

La correspondance à Beyrouth avec le départ des convois Nairn est assurée, d'une part, par le train de Palestine, pour les passagers venant d'Égypte (départ de Port-Saïd ou du Caire le mercredi à 6 heures du soir) et, d'autre part, avec les paquebots des Messageries Maritimes venant de Marseille et arrivant à Beyrouth alternativement tous les huit jours, le mardi ou le mercredi matin.

Les convois automobiles sont composés de voitures à six places, du type « Cadillac », à huit cylindres.

Les prix de Beyrouth à Bagdad sont 30 livres sterling.

Il est alloué, à chaque passager, une franchise de bagages de 60 livres anglaises. Les bagages en excédent sont taxés à raison de 2/ par livre.

La nourriture est fournie gratuitement dans le désert.

Des lits de camp sont mis à la disposition des passagers

pour passer la nuit sous la tente, mais un petit hôtel est en construction à mi-chemin entre Damas et Beyrouth, qui offrira aux passagers un certain confort.

Les convois Nairn transportent le courrier postal du Gouvernement de l'Iracq et reçoivent de ce Gouvernement une subvention.

Dans le sens inverse, c'est-à-dire de Bagdad en direction de Beyrouth, les convois quittent Bagdad chaque jeudi vers 9 heures, et ils arrivent à Damas et à Beyrouth le samedi vers 7 heures du matin, toujours après une nuit passée dans le désert.

De Beyrouth, les passagers peuvent gagner l'Europe, soit par les paquebots des Messageries maritimes, soit par le chemin de fer, *viâ* Kaïffa-Port-Saïd. La correspondance est assurée avec le départ de la malle anglaise le lundi de Port-Saïd pour Marseille-Londres. Le prix est le même de Bagdad à Beyrouth, comme de Beyrouth à Bagdad, c'est-à-dire de 30 livres sterling.

***

II. — Depuis les événements provoqués par la révolte des Druses, les convois automobiles ont dû emprunter une autre route.

Les convois, depuis le 18 mars 1926, suivent l'itinéraire suivant :

Départ de Beyrouth : jeudi 16 heures.
Arrivée à Tripoli : jeudi 19 heures (examen de la douane et des passeports).

Départ de Tripoli : vendredi 6 heures.
Arrivée à Homs : vendredi 10 heures.
Départ de Homs : vendredi 10 heures.
Arrivée à Palmyre : vendredi 15 heures.
Départ de Palmyre : vendredi 15 heures.
Arrivée aux sources de Rutbah : vendredi 23 heures.
Départ des sources de Rutbah : vendredi minuit.
Arrivée à Ramahdi : samedi 10 heures.
Départ de Ramahdi : samedi 10 h. 15.
Arrivée à Bagdad : samedi 14 heures (examen de la douane et
  des passeports).

La correspondance est assurée avec l'Égypte, à l'aller
par les trains partant d'Égypte le mercredi soir et arrivant
à Kaïffa le jeudi à 9 h. 30. Elle est également assurée avec
les paquebots des Messageries Maritimes, venant de Marseille et arrivant à Beyrouth le mercredi dans l'après-
midi.

Le même itinéraire est suivi par les convois automobiles
de Bagdad à Beyrouth, avec les mêmes correspondances
que ci-dessus.

Toutefois, il est à noter que des convois spéciaux sont
organisés de Bagdad pendant la saison de printemps pour
assurer la correspondance avec les paquebots des Messageries Maritimes partant alternativement le mercredi et
le jeudi, à destination de Marseille, *via* Alexandrie.

Ce service spécial Nairn-Messageries Maritimes met
Londres à neuf jours de Bagdad.

Les prix pour le voyage Bagdad-Beyrouth est de 30 livres
sterling, comme pour le voyage, en sens inverse, de Beyrouth à Bagdad.

III. — Il n'existe pas encore un service régulier auto-

Ville de Cana.

TIBÉRIADE. — Vue du Lac.

mobile de Bagdad en direction de la Perse. On peut, néanmoins, trouver à Bagdad des automobiles qui, en trois jours, conduisent de Bagdad à Téhéran.

Le projet d'un service régulier automobile de Bagdad à Téhéran, en correspondance avec les services automobiles de Beyrouth à Bagdad, est actellement à l'étude.

IV. — En ce qui concerne la liaison avec l'Inde, elle se fait actuellement à Bagdad par chemin de fer et par eau jusqu'à Bassora. De Bassora, les voyageurs vont à Bombay par les paquebots de la British India.

Il faut compter de sept à huit jours pour aller de Bagdad à Bombay, en l'état actuel des choses.

Lorsque la situation sera rétablie en Syrie, on peut escompter un développement considérable du trafic en passagers de l'Iracq vers l'Europe au travers de la Syrie, et il est très probable que le mouvement amorcé aux Indes prendra de l'extension, surtout pendant la période où les paquebots partent pleins de Beyrouth pour Londres.

Le projet d'un service complet de Bombay à Londres, *viâ* Bassora, Bagdad, Damas, Beyrouth et Marseille, est mis actuellement à l'étude par un groupe franco-anglais qui doit racheter l'affaire Nairn, groupe qui s'est assuré l'appui des gouvernements français et anglais, ainsi que des pays sous mandat.

En somme, il faut *sept ou huit jours* pour aller de Bagdad à Bombay, ce qui, en définitive, met Bombay à dix-sept ou dix-huit jours de Londres.

On doit donc faire mieux avant peu.

CHAPITRE XI

NOTRE MANDAT EN SYRIE

Beyrouth, 14 mars.

Que se passe-t-il derrière le rideau de civilisation française, que j'ai décrit, pour la ville de Beyrouth ? En quel état sont les affaires de la puissance mandataire, la France ? C'est la préoccupation de tous et, principalement, des familles qui ont des enfants sous les drapeaux en Syrie (1).

Un Normand répondrait : « Ça va et ça ne va pas. » En tout cas, ça ne va pas plus mal, et il faut s'en contenter, parce que le passé, la période d'avant-hier et d'hier, a été une rude épreuve.

Détaillons-la : opérations militaires et opérations « mandataires », politiques, toutes deux liées, bien entendu.

***

La situation militaire. A cette heure Damas est entourée d'une forte enceinte de fils de fer barbelés. Nous l'occupons solidement, sous le commandement du général Andréat, qui a ses bureaux et

(1) Voir ces notes, en majeure partie, dans *l'Europe nouvelle* du 14 avril (53, rue de Châteaudun, Paris). — Également, article d'*Actualités* du 12 avril.

logis à côté d'une modeste maison où le gouverneur civil, M. Pierre Alype, demeure avec sa famille. C'en est fini des splendeurs d'antan, mais « nous tenons » au milieu des assauts, ouverts ou subreptices, inopinés, des bandes de Druses et de toutes espèces de coupe-gorge qui se glissent à travers les sentinelles, dans les faubourgs, où les coups de fusil crépitent fréquemment. Alertes obsédantes ; cependant Damas n'est pas coupé de Beyrouth ; le va-et-vient des voyageurs n'a pas cessé, malgré quelques incidents de route, peu importants, presque des faits divers.

Nous avons, devant nous, seulement une poignée d'hommes, mais ce sont des hommes très courageux et habiles à la « guerilla », ces Druses. Ils sont, en tout, une quinzaine de mille ; nous leur opposons une vingtaine de mille hommes, seulement.

Les Druses n'ont, comme avantage, que leur connaissance de la montagne, où ils opèrent et se réfugient, ainsi que leur adresse de tireurs. De notre côté, nous éprouvons des difficultés plus grandes en raison de ce fait que notre ravitaillement, en colonnes, est long et aléatoire. Faute d'effectifs et de matériel, nous établissons péniblement la liaison entre nos troupes en campagne et leurs bases de munitions, eau et soutien.

Au delà de l'action protectrice des postes de Damas, dans toutes autres régions, le calme règne. On verra que je suis allé paisiblement jusqu'à Kaïffa, en passant, en auto, par Saïda (Sidon) et par l'antique Tyr. On va de même, — je l'ai dit plus haut, — à Balbeck, à Biblos (45 kilomètres) ; les touristes sont très nombreux.

Donc, à la surface, tranquillité, une certaine tranquillité, et bruits d'armes, mouvements de troupes un peu partout. Mais l'incendie couve, et cet état d'armement ne peut se prolonger ; les munitions de renfort franchissent, pour les Druses, les frontières anglaises, disons-le tout net ; les effectifs sont insuffisants, non seulement pour l'instant, mais en cas d'attaque soudaine, préparée, étendue. On sait partout que nous avons essuyé un échec, celui de la colonne Michaud ; la colonne Gamelin s'est, par force, contentée de débloquer Souredia et de revenir tant bien que mal.

D'autre part, au lieu d'envoyer des troupes exercées, en assez grand nombre, prêtes à marcher, le gouvernement procède à une relève obligatoire des soldats libérables. Le *Lamartine* qui m'a amené apportait 600 hommes de *remplacement* et devait en emporter autant. Leur moral m'a paru excellent. Ils étaient, en route, bien installés et soignés.

Enfin, le Maroc s'agite à nouveau, et il exige, de notre part, un renouveau de défense ou de bataille.

Conclusion : une victoire décisive, tout au moins une *opération de nettoyage* énergique s'impose. Et à bref délai. Sinon, c'est l'inconnu. J'écris cela froidement, non pas en « colonial excité », en « impérialiste », mais en homme qui a été inquiet dès 1920, car je ne fus jamais grand partisan de l'entreprise syriaque en soi, parce que, dès cette époque, le maréchal Lyautey m'avait avisé du péril rifain et de ses conséquences et répercussions ; les cruelles épreuves du général Sylvestre, en Maroc espagnol (1920), nous ouvra'ent les yeux. « C'était écrit. »

La France, en acceptant le mandat, a cédé à des directrices traditionnelles, — historiques, littéraires, commercialisantes (un peu), ambitieuses et ignorantes. Elle s'est installée, dispendieusement, en Syrie. Il faut d'abord sauver la face *militaire* coûte que coûte. On sauvera l'*autre* plus tard, ou en même temps si la chance des armes nous sourit.

Pour le mandat. L'autre face, la *politique*, m'est apparue comme plus satisfaisante, toutes réserves, qui précèdent, faites.

En premier lieu, j'ai le devoir, amical et sincère, de rendre hommage à l'œuvre déjà accomplie par mon collègue, le haut-commissaire Henri de Jouvenel. Il a incontestablement bien employé pour le bien public les huit mois qui se sont écoulés depuis l'acceptation de sa mission et les quatre mois depuis son arrivée ici. On mesure nettement que cet homme politique, déjà appelé à des fonctions ministérielles toujours ouvertes aux espérances, avait un avenir plus « agréable » à Paris qu'ici, où il n'a que des moyens précaires de parvenir à ses fins et où l'échiquier placé devant lui manque de toutes règles de jeu connues : les passions le bouleversent chaque matin.

Comment est-il possible de mettre d'accord les populations des quatre États formant «la Syrie », que le caractère ethnique, les sentiments religieux, les coutumes locales, entretiennent en une perpétuelle agitation, hostilité, défiance? C'est une des raisons pour lesquelles l'exercice de notre mandat en Syrie rencontre tant d'obstacles, alors qu'au Cameroun et au Togo (avec des méthodes administratives différéntes, il est vrai) nous avons obtenu le succès le plus complet? Dans ces contrées, également mandatées, l'unité des mœurs indigènes nous est un précieux adjuvant, qui manque ici.

En tout cas, M. de Jouvenel s'est mis résolument au travail, et il a obtenu ce résultat qui me semble considérable : il a rédigé un plan d'organisation de la Syrie et il espère le réaliser. Ne réussît-il qu'à cela, par la suite, ce serait un avantage important pour la France.

En effet, la France, en Syrie, — j'y insiste, — n'est pas engagée seulement *pour elle-même*, pour son honneur, pour des profits à nos yeux très aléatoires ; elle est engagée vis-à-vis de la Société des Nations ; Beyrouth est tributaire de Genève, plutôt encore que de Paris.

M. Henri de Jouvenel le sait d'autant mieux qu'il est un des représentants de notre pays à Genève ; il connaît donc son double rôle et ses doubles responsabilités, qui se confondent.

C'est parce qu'ils n'ont pas tenu compte de ce principe primordial que les prédécesseurs de M. Henri de Jouvenel ont échoué, à tous égards. Je n'en dis pas davantage ; ils ne se sont pas souciés du *mandat* et ils ont gouverné, administré ou militarisé selon leur tempérament ; ils ont perdu, ainsi, six années.

L'honneur de s'être aperçu de cette erreur revient, sans conteste, au président Aristide Briand et à son collaborateur l'ambassadeur Philippe Berthelot. La démonstration en a été faite devant le Sénat, le 3 décembre 1925 (1).

Au Sénat, répondant à cette même préoccupation, lancinánte dans mon esprit, que je venais de lui exposer brièvement, à la tribune, M. Briand a prononcé un de ses plus persuasifs discours ; il a indiqué que là aussi l'esprit pacificateur, large et généreux de la France, qu'on a appelé « l'esprit de Locarno », doit s'exercer de telle sorte que la Société des Nations comprenne qu'il s'étend sur tout l'univers, — *la Syrie comprise*. Et M. Briand a fait connaître les résolutions, d'ordre pratique, qu'il avait dictées à notre haut-commissaire en Syrie.

Je rappelle, pour la forme, que deux dates, graves, s'imposaient alors, en manière d'*échéances*, à la France chargée du mandat.

Il lui fallait, d'abord, obtenir de la Société des Nations approbation de sa gestion. J'ai appris ici, plus complètement que par les dépêches éparses dans la presse, que la délégation de la Société des Nations, réunie fin février à Rome, n'a pas mésestimé nos essais de pacification et d'administration ; néanmoins, elle a désiré qu'une enquête fût faite et elle en a chargé M. de Jouvenel ; celui-ci vient de la confier à un haut magistrat français. Elle commence.

La seconde épreuve est l'obligation, pour la France, de soumettre à la Société des Nations, au mois d'octobre prochain, le statut constitutif « organique » dont la nouvelle Syrie jouirait sous notre mandat.

Gouvernement, Parlement, Haut-Commissariat fran-

(1) **Voir le** *Journal officiel* **du 4 décembre 1925.**

çais eurent quatre ans et demi pour cette tâche et ne l'accomplirent pas. M. de Jouvenel a six mois.

S'en tirera-t-il ? Je le souhaite pour notre pays, pour lui-même et pour l'exemple ainsi donné à l'Europe ; je ne formule aucun pronostic ; je me borne à recueillir et à transcrire des informations recueillies à différentes sources et « recoupées », concordantes du reste.

Voici donc sous quels aspects et avec quelles probabilités de succès se présente cette opération d'ensemble qui constitue la préparation, puis l'établissement du statut organique. Stade préliminaire : la constitution des assemblées des quatre États, qui rédigeront leurs desiderata et qui les voteront, réunies.

Par conséquent, *élections*. On y a procédé selon les possibilités. Pour le Grand-Liban, on a constaté qu'en juin 1925 un scrutin, ayant ce but, avait eu lieu. Inutile d'en provoquer un autre ; ses résultats ont été considérés comme acquis. J'ai vu des membres influents de ce conseil libanais ainsi formé ; leurs dispositions d'esprit m'ont semblé libérales et francophiles.

Pour les Alaouites, aucune difficulté, aucun incident ; 80 p. 100 de votants favorables au mandat.

A Alexandrette, l'unanimité des votes fut acquise au statut ; à Alep, une adresse personnelle de félicitations fut remise à M. de Jouvenel.

Restent Damas et la région d'habitat des Druses. Là, c'est le canon qui parle ; on verra plus tard.

Dans ces conditions, il se peut qu'une assemblée constituante soit formée et convoquée à Beyrouth. Elle examinera les cahiers des trois États sur les quatre où le suffrage universel aura inscrit ses vœux ; elle se prononcera sur la forme du gouvernement qui sera celui de la Syrie entière ; on pense que la forme républicaine sera choisie, avec une présidence de laquelle les candidatures européennes ne seront pas exclues.

Le Haut-Commissariat transmettra cette ébauche à la Société des Nations, qui, à son tour, se prononcera. La France, alors, n'aurait qu'à passer un traité, d'assez longue durée, avec l'État syrien et se contenterait désormais d'en être la mandatrice toujours, la conseillère, la surveillante. Son haut-commissaire n'aurait plus que peu de troupes, une division, par exemple, à sa disposition. Quant aux charges financières, elles incomberaient à la République syrienne.

Je ferme mon carnet de reporter sur cet espoir. J'aurais à y joindre la conclusion, récente, à Angora, de la convention franco-turque, qui supprimera et réduira les incursions de bande sur ce côté de la frontière...

Et encore une autre entente, d'un caractère commercial, en apparence, avec l'Angleterre ; une troisième enfin, avec le sultan des Whabites... Mais tenons-nous-en là.

Marseille, 8 avril.

Un succès militaire. Débarquant, ces jours derniers, à Marseille, retour de Syrie, j'ai déclaré à mes aimables confrères de la Presse que la situation me paraissait « satisfaisante » (1).

(1) Voy. *Actualités* du 8 avril.

J'ai parlé ainsi en toute sincérité et indépendance. Depuis lors, cette opinion faite *de visu*, mais que d'aucuns ont pu trouver optimiste, a été confirmée par des faits d'ordre militaire ; une forte colonne, au départ de laquelle j'avais assisté, dont j'avais rencontré des bataillons en marche, *a nettoyé* une partie du montagneux massif de l'Hermont.

C'est un succès de réelle importance. Attendons la fin avec confiance.

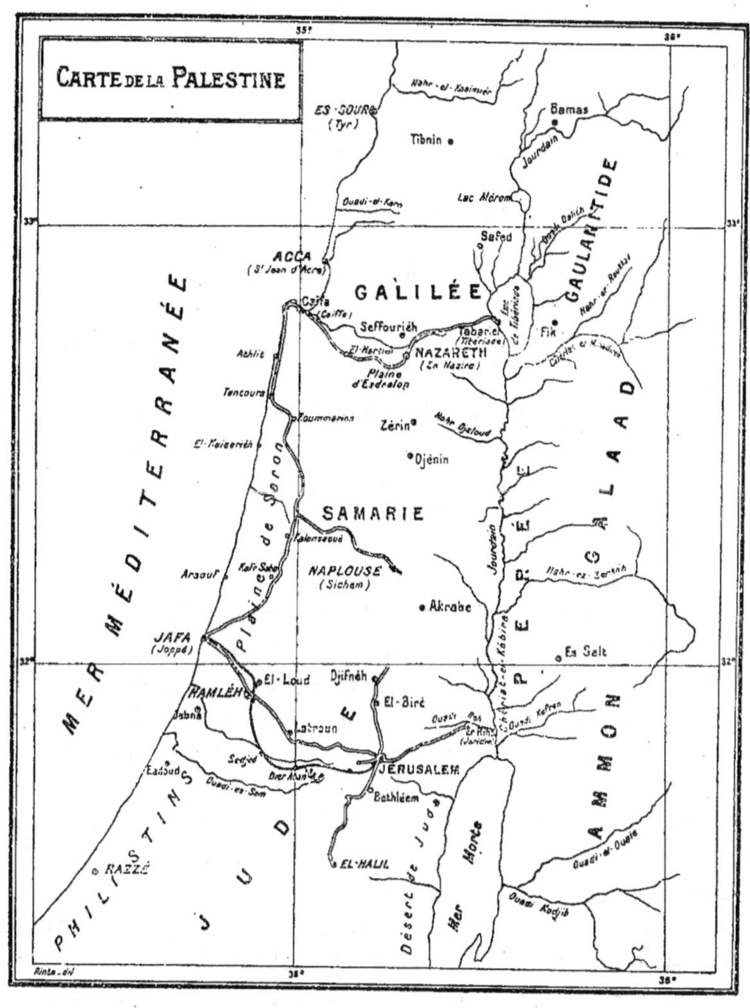

CARTE DE LA PALESTINE
MER MÉDITERRANÉE
ES-SOUR (Tyr)
Tibnin
Bamas
Jourdain
Ouadi-el-Kam
Lac Mérom
Safed
ACCA (St Jean d'Acre)
GALILÉE
GAULANITIDE
Caïfa (Caïffa)
Seffourieh
Tabarieh (Tibériade)
Fik
Nazareth (En Nazira)
Athlit
El-Hartieh
Plaine d'Esdralon
Tantoura
Zërin
Nahr Djaloud
Kaoummarina
Djénin
El-Keizerieh
Plaine de Saron
SAMARIE
GALAAD
Kalensaoué
El
Arsouf
Kefr-Saba
NAPLOUSE (Sicham)
Nahr-ez-Zerkah
Akrabe
Jourdain
Es-Salt
JAFA (Joppé)
El-Loud
Djifneh
RAMLÉH
El-Biré
Jabné
Latroun
Er-Rihà (Jéricho)
Kefren
Sedjed
AMMON
Eaddudos
Ouadi-es-Som
Deir Aban
JÉRUSALEM
Bethléem
Ouadi-el-Ouais
PHILISTINS
JUDÉE
RAZZÉ
EL-HALIL
Désert de Juda
Monts
Mer
Ouadi Kedjib
Pinta del.

CHAPITRE XII

LE TOUR DE LA JUDÉE

Jérusalem, 20 mars.

A vol d'automobile. Nous sommes des terriens, maintenant. Le bon paquebot le *Lamartine* nous a déposés sur le quai de Beyrouth, dans une douzaine d'autos, pour que nous visitions la Judée, *alias* la Palestine.

Toutes autos de marques américaines, à six cylindres, qui se sont emparées totalement du marché ; elles sont, du reste,. aptes à monter d'un seul élan les côtes abruptes que nous affronterons. Les Américains font ainsi, en Europe, de bonnes affaires. Ce n'est pas les blesser ou « diminuer » que de noter, une fois de plus, de quelle façon adroite ils ont profité de la guerre et de la période qui a suivi. Appelés ou venus eux-mêmes, pour des motifs de charité ou, par exemple en Syrie ou Palestine, parce qu'ils voulaient sauver des Arméniens américains qui ont embrassé le culte protestant, ils ont multiplié les fondations pieuses, bienfaisantes, scientifiques (je viens de le souligner à Beyrouth) ; ils ont étudié l'état politique de la région, et, voyant bientôt qu'ils ne s'y implanteraient pas, — si tant est que leur intention ait été, un instant, celle-là, — ils se sont mis à commercer hardiment, avec l'aide du dollar souverain. Ils envoient des touristes, en plus. Le drapeau étoilé y trouve de toutes manières son compte.

En tout cas, grâce à ces autos, la Croisière pourra voir en une semaine tout ce que la Judée présente d'intérêt superficiel. Jadis, il y a vingt ans, on faisait des *études* locales, à fond, parce qu'on n'avait pour moyens de locomotion que la calèche, traînée par de gentils petits chevaux syriens, galopant menu, avec le cou en col de cygne et les harnais rehaussés de métal ; — il en subsiste, vieillis et dédaignés... De telle sorte qu'un tour de Judée comme celui-ci exigeait plusieurs mois. Et cela me rend sceptique à l'égard de nombreuses relations de voyage.

❦

Vers Kaïffa. Aujourd'hui, l'auto quitte Beyrouth et atteint Kaïffa (Haïpha) en une journée. Point de départ sur territoire français (*mandaté*). Les routes y sont nouvellement réparées, en toutes directions. Nous y avons rencontré avec plaisir un convoi régimentaire, au complet, qui gagnait son lieu de surveillance et qui avait bonne allure, sans traînards ; la cuisine roulante faisait, en route, la soupe qui avait le fumet de chez nous, tandis que nous nous préparions, vers midi, à prendre un déjeuner froid dans nos autos mêmes. Les hôtels n'ont que des enseignes ; sybarite, j'ai étalé mon poulet et mes œufs durs sur la table, dégarnie, de l'un d'eux, mais il a fallu couvrir cette table de journaux, tant la crasse y était incrustée. Braves gens, tout de même.

La route, pour forte partie, jusqu'à Kaïffa, en traversant les villes, classiques, de Sidon (Saida) et Tyr, est en corniche sur le bord de la mer et, à 10 kilomètres de Kaïffa, comme on n'a pas encore terminé les travaux de viabilité, les autos roulent à toute vitesse sur le sable du littoral.

A peu de distance de Kaïffa, douanes, passeports : douane française tenue gentiment par deux gendarmes français, ravis de serrer la main de compatriotes, rares ; douane anglaise, à 3 kilomètres. C'est l'entrée de la Palestine, sous mandat britannique. Là, visite minutieuse de toutes les voitures et de tous leurs organes. Les autorités britanniques ne plaisantent pas, à bon droit ; on saisit fréquemment des charges de dynamite, que les chauffeurs dissimulent sous les coussins ou dans les capotes. Le mandat anglais se défend.

Kaïffa a une rade assez sûre, où l'on fera, dit-on, plus tard, un port *sioniste* ; nous y reviendrons ; un mélange d'européanisme banal et d'orientalisme juif et grec. Au-dessus, le mont Carmel. Première *Vue vur la vieille Judée.*

La vieille Judée· Les traités ayant beaucoup bousculé la géographie de notre enfance, il n'est pas inutile de délimiter la *Judée moderne* par rapport à celle de la Bible et des Évangiles. Donc, elle forme un trapèze, en front de mer, depuis Kaïffa (autre ville côtière : Jaffa) jusqu'à Hallé, en comprenant (de bas en haut) les royaumes de Judée, Samarie, Galilée ; — l'autre branche du trapèze, qui mesure 160 kilomètres environ, *visitables*, est, à l'intérieur, sur les bords de la mer Morte, près du Jourdain ; pas loin de la base, se trouve Jérusalem et s'insère la route qui monte, en Galilée, jusqu'à Nazareth (où une transversale rejoint Kaïffa).

C'est donc dans ce trapèze que se sont écrits, en lettres de sang, en traces de larmes, en fulgurations de gloires saintes et barbares, les mille et un faits de l'histoire du peuple Juif, tour à tour prospère, vainqueur, ravagé, renaissant, fuyant et domestiqué à nouveau.

C'est dans ce trapèze que sont passées les trombes des invasions de toutes provenances et de toutes couleurs de peau, y compris les Croisés, les Turcs et les armées napoléoniennes ; maintenant règnent les armées britanniques mandataires.

C'est le théâtre de la Tragédie des Lieux Saints, à Jérusalem, dont les personnages allaient et vinrent de là à Nazareth, de Galilée, tout en haut.

Ce sera demain peut-être cette restauration du peuple juif reprenant sa personnalité propre sous le protectorat anglais et sous le nom de *Sionisme*.

Le trapèze se parcourt comme on veut, du haut en bas, et inversement avec assez d'aises quotidiennes. Si on part de Kaïffa par chemin de fer, un train, formé de wagons anglais, se traîne de gare en gare, où j'ai quelque joie à lire

Le Mont Tabor.

NAZARETH. — Vue générale.

l'inscription des gares de l'Inde anglaise : *Station master.*
Wagon-restaurant. Parcours insignifiant, à peu de distance de la mer.

❦

Enfin Jérusalem... A une heure de l'après-midi, Jérusalem. Les cœurs battent, involontairement même. Qu'est-ce enfin?

Une petite station : porteurs ; des autos ronflent ; on n'aperçoit rien, de la nôtre. Brusquement, nous sommes lancés sur une route qui en lacet suit une enceinte crénelée. Jérusalem est derrière ; une, deux, dix églises ; un vieux moulin ; comme population, nous croisons plusieurs convois de prisonniers civils, de paysans condamnés, que des gardes britanniques conduisent au travail forcé, enchaînés.

En cinq minutes, nous traversons un faubourg sale, deux ou trois rues, toujours grimpantes, et nous stoppons devant une petite porte, surmontée d'une croix. De préférence à quelques hôtels, peu engageants d'aspect, nous serons reçus, comme tous venants, dans la *Maison de France.*

C'est une hôtellerie en façon de couvent, qui appartient aux Pères de l'Assomption et qui est gérée par eux avec autant de tact que de confort. Un immense couloir s'ouvre, à deux étages, spacieux, devant des salles à manger claires, où la nourriture est saine, devant une bibliothèque et des chambres pour lesquelles les Pères ont eu le goût de ne pas « singer » la cellule monacale, comme dans quelques trappes européennes, ainsi utilisées (cette construction-ci est toute neuve).

On lit, il est vrai, des inscriptions de noms de saints, sur la porte de chaque chambre (j'habitais sous l'invocation de saint Labre) ; mais le mobilier est strictement laïque et d'usage agréable, avec seulement un grand crucifix au mur.

Cet ensemble hospitalier donne une sensation de détente et de bon accueil, auquel s'associe la conversation des Pères assomptionnistes, qui tiennent les divers emplois d'un hôtel, avec prévenance et dignité. Un d'eux fait fonction de guide, pour toutes les caravanes civiles aussi bien que pour les pèlerinages, qui défilent par dizaines, — il y a quatre cents chambres ! — et ce Père-guide sait mettre sa science archéologique et son caractère sacerdotal en parfait accord.

⚜

Rues et monuments. Jérusalem compte 100 000 âmes, dont 75 000 Israélites. Dénombrer, décrire ses églises, chapelles, monuments, russes, grecs, autrichiens, français, anglais, il n'y faut pas songer. L'Allemagne se distingue, à son ordinaire, par du «colossal» ; le kronprinz a édifié, sur un point culminant, un château fort que les Anglais lui ont loué, pour le Haut-Commissaire, qui y donne des garden-parties. D'autre part, cent *Guides* en toutes langues, sans compter des milliers de livres, mémoires de pèlerins, chefs-d'œuvre de littératures, apologies religieuses, travaux d'archéologie, ont rempli des bibliothèques où sont exposées, analysées, discutées, les légendes et les découvertes anciennes et modernes.

Ajoutez que l'histoire, seule, du peuple Juif, a laissé force traces de son séjour, grandeur et expulsions, sur ce sol qui était le sien, natal. Les temps de David, Salomon, des prophètes, des Grecs, des Croisés, des Turcs, etc., du reste de l'humanité, *attirée*, *happée*, sont rappelés en autant de vestiges de palais et temples, superposés..

Chaque peuple, sédentaire, conquérant, arrivant, ou se faisant acquéreur du moindre pouce de terre où s'est passée une série d'événements divers, y a crié sa foi par la construction d'un édifice. On ne sait plus qui a versé des flots d'or pour détruire, amonceler, relever, édifier des pierres, des marbres, des coupoles et des croix, environnées, à matines, du chant des cloches... A quoi donner une préférence, un rang d'admiration ou d'attention ? Aux couvents qui sont laids comme des casernes ? Aux orfèvreries et coupoles des Russes ? Aux flèches des chapelles latines ?... Peut-être, sans conteste, du point de vue artistique, à la mosquée d'Omar, devenue plus tard une église, et redevenue mosquée, dont la façade et l'intérieur brillent de mosaïques et qui, au milieu d'une vaste place, comme sur un socle, a une finesse de détails particulière.

On pensera que, de ce mélange de styles, de cette débauche d'inventions architecturales, parfois saugrenues, naît aussi un heurt de couleurs ? Nullement. Jérusalem entière reste grisâtre, et les ors, les rouges, les argents ne « chantent » nulle part, si ce n'est dans l'intérieur des édifices grecs, dont la décoration compliquée, naïve et prétentieuse, soulève une révolte du goût.

Autre remarque enfin : Jérusalem n'est pas bruyante. Les pèlerinages y défilent en bon ordre, et il en est de même dans toute la Judée. Je n'ai entendu de tapage musical qu'à Nazareth, où une fanfare d'enfants italiens s'exerçait dans la cour d'un couvent, tandis que, sur la place publique, deux acrobates forains battaient du tambour et soufflaient dans une flûte.

L'agitation sonore est concentrée dans le quartier proprement israélite, sur le parcours de la longue rue de David, qui, à l'intérieur de l'enceinte, dévale vers le mur du temple de Salomon. Des boutiques de curiosités, à l'usage des touristes, dentelles, chapelets de bois d'olivier, quelques vases en cuivre peu travaillés, des cartes postales ont leurs étalages, cent fois vus, au haut de cette rue de David ; le milieu et le bas de cette dernière offrent le plus stupéfiant grouillement d'ânons, chameaux, enfants, femmes, vieux Salomons, Jacobs et Jeroboams barbus ; le plus malodorant tas de saletés, d'amas de légumes, de poissons frits, de saucisses, de quartiers d'agneaux, de cotonnades de Manchester, remémorant tous les ghettos de l'univers... Mais celui-ci les dépasse tous ; il est naturel ; il est chez lui, parbleu, et il dégouline, faute de place en son centre, en des ruelles adjacentes, par des arcades sombres, des pentes non pavées, qui sont à la fois latrines, demeures pauvres et réserves de marchandises...

Miracle, sans doute, que chaque jour ou chaque semaine la peste ne fasse pas des trous dans ce cloaque ! Les Anglais en ont détruit un autre qui, m'a-t-on dit, était pis et, dans celui-ci, leurs agents de police s'efforcent de faire pénétrer quelques notions d'élémentaire hygiène. Car les agents, dans toute la ville, sont attentifs au moindre incident, Jérusalem est bien gardée. Elle s'endort de très bonne heure, après le coucher du soleil. L'électricité n'éclaire que les rues principales, où il y a quelques cinémas en bois et papiers goudronnés.

Dans les hôtels, coucher général avant neuf heures. Les cloches égrènent leurs gammes dès les premiers rayons du soleil, qui se lève tard, en cette saison, car la Judée est froide, très froide, et le chauffage des chambres d'hôtels ou couvents hospitaliers se fait avec des poêles à pétrole ; mais on ne s'en émeut guère : on est à Jérusalem, et que de grandeurs on a remuées !

CHAPITRE XIII

LES LIEUX SAINTS

Les pèlerins. Par « Lieux Saints. » on entend l'emplacement où le Christ fut crucifié, enseveli, et ressuscita. Il est situé auprès de la muraille d'enceinte, à peu de distance de la *Maison de France*, l'hôtellerie des Pères assomptionnistes. Quelles que soient les opinions du visiteur ou ses croyances, celui-ci ne peut y réfléchir ou en écrire qu'avec le plus profond respect, car les manifestations du culte chrétien y sont entourées d'un calme et d'une affirmation de foi absolues, se communiquant à tout être humain.

Il ne manque pas de lieux de pèlerinages dans l'univers, de Benarès à Lourdes ; j'en ai vu de tous éclats et de toutes émotions, mais, dans aucun, l'accord de sincérité d'âme et de liberté d'esprit qui marque, aux Lieux Saints, les cérémonies et les visites touristiques mêmes, n'a autant de simplicité tranquille.

En aucun cas, on n'a envie de rire ou de se détourner. Ainsi, une des plus étranges cérémonies, est la *Lamentation des Juifs*, à l'extrémité de la rue de David. Là, devant un mur énorme, qui fut la base du temple de Salomon, sont assemblés, chaque soir, surtout la veille du Sabbat, plusieurs centaines de Juifs, hommes, femmes, vieillards, enfants, citadins, villageois, ouvriers. Ils se classent par tribus, ceux du Nord avec des bonnets garnis de fourrures jaunâtres ; ceux du Midi, habillés de la lévite noire ; d'autres, avec le melon et le feutre européen.

Tous lisent, d'une voix aiguë, sur un ton plaintif, une prière du Livre Saint, en se balançant d'arrière en avant et en baisant les pierres du temple. Quand on les aperçoit, on est « sidéré » d'abord, mais, nul d'entre eux ne se détournant et ne cessant sa pieuse gesticulation et modulation, on se tait, et on regarde, silencieusement. Il faut venir jusqu'ici pour avoir de si déconcertants spectacles. La religion, les religions, côte à côte, rapprochent tous les croyants.

Par ailleurs, les Lieux Saints ne sont pas enlaidis par les boutiques innombrables de marchands de cierges et d'articles de piété ; aucune surveillance n'y est nécessaire ; l'ordre semble établi et maintenu naturellement par une tension unanime des volontés.

⚜

Je noterai, sur ces Lieux, uniquement, *ce qu'ils sont aujourd'hui.*

Une basilique les recouvre, dont les clefs sont confiées à une famille *musulmane*, le droit d'ouvrir et de fermer appartenant à une autre famille. Cette basilique fut construite sous Constantin, vers le milieu du IVe siècle, ruinée

par les Turcs, réédifiée par les Croisés. Elle est administrée,
au point de vue cultuel, par les Latins (les catholiques), les
Grecs et les Coptes. Elle porte dans ses diverses parties la
marque, en quelque sorte distinctive, du tempérament
décoratif de chaque nation occupante. Pas d'œuvre d'art
toutefois ; beaucoup d'or, de mosaïques chez les Grecs.

Le Calvaire. — L'histoire de ce qui précéda et suivit
la mort du Christ sert de guide au
visiteur et se résume ainsi : condamné par Ponce-Pilate
à l'intérieur de la ville, Jésus suivit, vers le supplice, la
voie douloureuse, dont chaque station, non « fixée », sup-
posée, est couverte par un monument élevé ou enrichi par
des confréries différentes. Il en est de même pour tous les
actes de la vie du Christ... Donc, Jésus expira le vendredi
saint et fut descendu de la croix ; son corps fut lavé
par les Saintes Femmes et enseveli à quelques pas du
Calvaire, dans la propriété de Joseph d'Arimathie.

Les premiers chrétiens faisaient déjà ce pèlerinage,
quoiqu'un empereur romain en eût recouvert l'emplacement sous un temple ; celui-ci protégea le Sépulcre. L'empereur Constantin et sa mère, Hélène, trois cents ans plus
tard, purent reconstituer l'état primitif ou l'endroit exact
du supplice ; on retrouva même, en une fosse, sous des amas
de pierre, la croix, la couronne d'épines, et on déblaya le
tombeau, qui, actuellement, est un creux dans la roche,

dans une minuscule chapelle où les fidèles pénètrent quatre par quatre, car l'espace est très exigu.

⚜

Au Jardin des Oliviers. Les autres actes de la Passion, avant et après la Résurrection, se déroulèrent dans un quartier de Jérusalem éloigné, au bas de la haute colline où eut lieu l'Ascension. C'était *Getsemani* (le pressoir d'huiles). Il y a encore, au long d'une chapelle qui marque l'endroit des douloureuses plaintes du Christ avant son martyre, cinq oliviers qui sont considérés comme bimillénaires.

Du Jardin des Oliviers, par où était passé le Christ, après son arrestation par les soldats romains? Des recherches toutes récentes viennent de l'établir. Les Pères assomptionnistes ont acheté un beau terrain, au haut de la montagne, et ils ont établi, en un mémoire qui vient d'être approuvé à Rome, que la prison où Jésus vécut sa dernière nuit était en cet endroit ; une voie romaine y conduit ; elle est praticable, et les pèlerins en gravissent les degrés à genoux.

La prison sera recouverte d'une église, à laquelle une forte équipe d'ouvriers travaille, à cette heure, sous la direction d'un Père assomptionniste, architecte de la Congrégation. C'est le type connu des lieux de détention hébraïque, une salle ronde, qui était percée au plafond d'un orifice, par lequel on laissait choir les prisonniers ; ces derniers étaient attachés à la muraille ; on distingue les anneaux (leur emplacement) et ceux où les geôliers attachaient les liens destinés à la flagellation, trente-neuf coups sur chaque épaule, dit la tradition talmudique.

Un soldat de garde avait son « judas » en dehors, pour veiller. Tout cela paraît net et probant. Le monde latin y prend la plus vive passion, et c'est, en effet, un des vestiges les mieux conservés.

De là, au matin, Jésus fut dirigé vers le palais du grand-prêtre Caïphe ; le Sanhedrin le condamna, sur la trahison de Judas, qui jeta, aussitôt, les 30 deniers ; là aussi, on a édifié une chapelle, mais on n'a pu « situer » le palais, non plus que celui de Ponce-Pilate, qui devait s'élever tout auprès. Ensuite, la voie douloureuse, la Sainte Tragédie du Calvaire, la Résurrection... Plus tard l'Ascension. On place celle-ci en haut du mont des Oliviers, où on voit les décombres d'églises successives et d'une mosquée, surmontée d'un minaret, qui offre un panorama merveilleux sur tout Jérusalem, sur la vieille cité du roi David, sur une partie de la mer Morte, sur une centaine d'édifices longs, carrés, massifs, élancés, rouge, ocre, coupoles, cyprès, cimetières, — bref, sur trois mille ans de va-et-vient de nations et de pèlerins, car les pèlerinages de toute époque ont été très actifs, voire hardis. On a des relations de pèlerins chrétiens, grecs, Croisés, qui datent des premiers siècles après Jésus-Christ et qui guident les affirmations, discussions, controverses, études archéologiques d'aujourd'hui.

A l'heure où nous rêvons devant ces buts de tant d'ambitions et de tant de foi enfin satisfaite ou consolidée, la lumière se modifie brusquement. Aux ombres violentes du soleil sur les façades, les minarets et les croix, à la soie pourpre du coucher de l'astre, succède un voile de grisailles qui disparaît lui-même lentement sous une couche de buées montant des vallées... Pas de cloches ; des lumières s'allument : Jérusalem disparaît dans la nuit.

La grâce de Bethleem. Après la Passion douloureuse, la grâce de Bethleem a un charme exquis, très doux. Le bourg où naquit le Christ est sis à un quart d'heure d'auto de Jérusalem ; il surprend, dès qu'on l'aperçoit, par sa fraîcheur. Il grimpe une petite colline, où s'appuie un groupe de maisons de même type, carrées, hautes ou basses, blanches avec des fenêtres cerclées en bleu. On dirait que c'est une façon de symbole de l'événement qui eut lieu là, une naissance joyeuse, encore que bien misérable.

Sur la route et parmi les maisons déambule une population qui a également le caractère aimable ; les femmes de Bethleem portent un costume local très seyant, des chemises sous des châles, plutôt clairs, rehaussées, au col, de broderies et dentelles ; sur la tête, un bonnet pareil à nos *hennins*, blanc, propre, laissant découverts des traits réguliers. Allures bibliques, avec la cruche équilibrée sur l'épaule.

Une basilique où le pèlerin pénètre courbé, par une porte très basse, marque le lieu de la nativité. Elle fut construite sous Constantin, et la nef entière, avec son pourtour de colonnes respectées miraculeusement, a beaucoup de majesté. La grotte où Jésus vit le jour était creusée au flanc d'un rocher ; on y entre avec de petits cierges à la main, car, dans ces lieux, en général, les cultes successifs, rivaux ou fraternellement associés au même hommage, n'ont pas prodigué les étincellements d'électricité ou les ardeurs des lampes ; on a laissé régner la demi-obscurité des mystères.

On sait que Joseph et son épouse Marie, venus de Nazareth pour prendre part à Jérusalem au recensement de la tribu du roi David, la leur, furent contraints, faute de logis, de se réfugier dans cette anfractuosité, à la façon des troglodytes ou des nomades de tous pays. L'Enfant naquit, les mages arrivèrent. Un seul tableau, de facture moderne, simple et naïf, représente la Sainte Famille.

Le jour de Noël, les différents cultes dressent leurs autels portatifs, à tour de rôle, autour de la chapelle, et célèbrent la messe, latine ou grecque. C'est sans ostentation, comme tout en ces Lieux, où la parole est aux souvenirs, plus ou moins précisés, mais débordants des cœurs angoissés ou enflammés.

CHAPITRE XIV

A TRAVERS LA VIEILLE JUDÉE

 Maintenant, quittant Jérusalem, nous remontons en automobile la Galilée ; —Nazareth et, par transversale, Kaïffa (nous en repartirons en chemin de fer, pour Le Caire, directement). On compte 150 kilomètres environ de bonnes routes, car il n'est que juste de faire honneur aux Anglais d'avoir, exceptionnellement, entrepris ici, en Palestine, quelques travaux de viabilité ; la main-d'œuvre pénale ne leur manque pas ; des camps de prisonniers l'attestent ; des corvées prestataires s'accomplissent auprès de chaque village, où existe un poste de police qui prend les numéros de chaque auto, au passage. Les Croisières et tous circulants sont pointés et pistés. L'auto s'est rendue maîtresse du pays, où les charrois n'apparaissent pas. On ne croise pas dix charrettes en une heure de route ; les transports de marchandises ont lieu en corricolos, sur des chameaux ou sur ces bourriquots minuscules qu'un homme enfourche, tout à l'arrière, en surplomb de la queue.

Convois lents, placides, pénibles, semble-t-il, surtout par des journées pluvieuses, qui sont fréquentes, car, en plus

du froid matinal et nocturne, la Judée est inondée de pluies
glaciales, qui, avant de tomber, la coiffent, par places, de
nuées épaisses (elles sont souvent évoquées dans les Livres
sacrés et expliquent certains grands événements, combats,
miracles, et le reste).

La raison en est que le pays, entre mer et fleuve, n'est
qu'une succession de vallées, pics et ballons, dont un certain
nombre sont fort élevés. On écrit et on dit toujours qu'il
inspire un sentiment général d'abandon. Je n'ai pas jugé
aussi défavorablement la Judée ; elle ne m'a pas paru tellement déshéritée par la nature. En tout cas, elle est occupée
par des habitants, de races et de costumes multiples,
qui ont l'air de mener une existence assez active.

❧

**La route et
les champs.** Un tableautin se présente à moi, qui
résume les types de ce rendez-vous de
l'Histoire. En travers de la route, la
barrant, s'avancent quatre femmes : l'une est une Juive,
engoncée dans son voile noir qui descend sur son pantalon
flottant, lequel se rétrécit à la cheville ; elle ne porte rien ;
l'autre est une vieille Arabe, en guenilles roses et jaunes,
qui va vendre au marché une poule, sa poule, pendante
à sa main ; la troisième, une négresse, soudanaise ou
autochtone, qui porte, en riant à toutes dents, sur son
crâne crépu, un plat de cuivre, chargé de légumes ; la
quatrième, une adolescente, d'origine indécise pour moi,
mais qui a l'allure molle et balancée des filles de tribus

AU CAIRE. — Mosquée Sultan Hassan.

AU CAIRE. — La Citadelle (à droite).

MUSÉE DU CAIRE. — Statue de Tut-Ek-Amon.

nomades ; elle tient en équilibre, sans y mettre la main, l'amphore, couchée quand elle est vide, droite quand elle est pleine d'eau.

Malheureusement, cette amphore classique, plus loin, sera remplacée par un bidon en zinc, carré. Excusez la plaisanterie: c'est la *royauté du bidon* qui règne, domine la Judée (je l'ai saluée déjà, mais moins triomphante, au fond de nos Afriques). Royauté de l'essence, la *Shell*, que les Anglo-Saxons vendent par milliers et milliers de tonnes et dont les récipients servent à tous usages, domestiques, architecturaux et autres. Le roi-bidon *Shell* sert de magasin ambulant, de vase à eau, de malle de voyage ; on l'emploie à construire ou à recouvrir des habitations misérables ; on l'utilise pour la cuisine et la pêche ; bref, je le répète, il est roi, le roi Shell. Nos amis font de bonnes affaires.

Derrière ces quatre femmes, s'allongent un escadron de chameaux et un cordon de bourriquots, parfois un petit galop de léger cheval syrien, signe de fortune ; puis apparaissent des Bédouins ou des vieux d'Israël, des bougres noirâtres, barbus, coiffés de turbans sales ou de fez décolorés, vêtus d'une gandoura ou d'une couverture brune, que la pluie et le vent déploient et resserrent en plis raides, non sans beauté âpre.

C'est le peuple de Judée, toutes races, Juifs en plus fortes proportions, qui fait son exode — incessant, commerçant, poussant les troupeaux de chèvres noires ou de petits bœufs, maigriots, durs aux dents, à table. Il semble se promener, toujours, de village en village, au long de carrés cultivés, délimités par des murettes de pierres sèches, qui sont les propriétés rurales des sédentaires ; blés, orges, vignes, oliviers, quelques bouquets d'eucalyptus, de fréquents cyprès. Cette terre, verte en ce moment, est de teinte « européenne » et non rouge, comme celle d'Afrique ou des Indes.

On n'a pas, ainsi, une idée de souffrance, que j'ai maintes fois lue, mais celle d'une rudesse de climat, supportée philosophiquement par une population clairsemée et résignée à son sort millénaire. Quand il fait trop froid ou quand la pluie tombe depuis trop longtemps, elle se réfugie, bêtes et gens, dans des masures de pierre, isolées ou formant des villages. Ces derniers, éloignés d'une dizaine de kilomètres, me plaisent beaucoup ; ils ont une uniformité de construction et de grisaille qui dit l'immutabilité des siècles. Ils sont formés de cubes de pierres, percés de deux petites fenêtres, à mi-hauteur, carrées ou en ogive. Tous pareils. On n'aperçoit que peu de mosquées, presque pas de synagogues, trop d'églises encore ; tout de même une pureté d'architecture bien pastorale.

Mais ce qui fait à la Judée la réputation, à mon sens spéciale, injustifiée, « de tristesse morne », c'est la fréquence d'espaces de pierrailles désertiques qui séparent les champs verts et les villages cubiques. Évidemment, ces pierrailles sont bien « judéennes ». Elles sèment aux quatre coins cardinaux leur désolation, souvent très étendue ; elles assaillent les montagnes, dénudées aussi, au flanc desquelles grimpent nos autos ; elles dégringolent vers les creux des vallées, bleuâtres, sous les nuages... Elles sont la *hammada* du désert sud-oranais, blocs énormes et tables carrées, lavés par des ruisselets de pluie. Pas une plante là dedans ; pas un être humain ou un bétail ; la solitude puis, soudain, la verdure et les oliviers reparaissent. Ainsi de suite, pendant tout un après-midi de voyage, de fontaine en fontaine, où les femmes forment toujours les mêmes groupes ancestraux (bidon à part !), groupes curieux, bavards, aux gestes élégants.

Bible, Talmud, Évangiles. Les 150 kilomètres de Jérusalem à Nazareth sont tels. Au départ, nous tournons le dos à la mer Morte, but d'une excursion spéciale, nappe d'eau limpide, fortement salée, qui a l'air de dormir auprès des ruines de Jéricho, miroir de métal entre des montagnes ; mer trompeuse où soudain se déchaînent des tempêtes terribles, d'autant plus dévastatrices des rives que le flot est lourd... Puis, vers Nazareth, nous avalons rapidement les routes en lacets, au-dessus, quelquefois, de vrais précipices, sans parapets. On s'en lasse un peu, bientôt ; l'attention n'est plus éveillée que par l'évocation des figures et les hauts faits de l'épopée biblique, de toutes les épopées, de Moïse à Napoléon Ier.

Nous remuons ce passé immense à coups de *Guides*, feuilletés hâtivement, et c'est comme un cinéma où l'écran montrerait des films mélangés. Un ou plusieurs films par ville, pour les Hébreux, les Perses, les Croisés, les Turcs et *tutti quanti*. Quelques exemples : ici, victoire de Judas

Macchabée sur Nicanor ; à *Rama,* la prophétesse Deborah et le rassemblement, par les Assyriens, de la population exilée ; à *El Direh,* les Babyloniens et Nabuchodonosor ; à *Ramalah,* une population de 4 000 Grecs schismatiques, pour lesquels de riches Américains viennent de fonder un asile de proséyltisme protestant (1924) ; *Bethel,* où Abraham éleva un autel et Jacob eut ses visions : ruines, ruines ! A *Silo,* le puits creusé par Jacob où Jésus-Christ s'entretint avec la Samaritaine ; l'auto stoppe ; chapelle ; un verre d'eau.

Continuons : *Naplouse,* ville relativement grande et presque modernisée (Gédéon, Abimelech), cité musulmane en majeure partie ; *Samarie,* le prophète Élie, le sacre de Jehu, Alexandre le Grand, ruines fouillées par les Américains ; *Djenin,* où Jésus-Christ, venant à Nazareth, guérit dix lépreux... *Nazareth* approche. Nous passons devant les colonies juives d'*Awfulé,* de *Balfouria* (dont je parlerai à l'aise, plus loin). Le *mont Thabor* barre l'horizon, avec son ballon énorme, surmonté d'une église : Moïse... et la manœuvre savante de Napoléon (Buonaparte) venant de Saint-Jean-d'Acre.

Nazareth et Tibériade. Enfin *Nazareth* ; une après-midi d'arrêt. Hospitalité des Pères franciscains dans leur hôtellerie-couvent, *Casa Nova...* Accès de la ville en gradins. Une église, dite de l'Annonciation de la Vierge et, assure-t-on, l'atelier de Joseph, c'est-à-dire une église qui recouvre un « emplacement »

désigné par la tradition pour être l'atelier. Population
de Latins, Grecs, etc... Panorama ; fontaine neuve,
de la Vierge. Échoppes : dentelles. Banalité. Déception.

Les autos repartent sur *Tibériade* et son lac. En route.
Cana, les Noces et le miracle ; plus loin, la Multiplication
des pains ; ruines.

Nous sommes là surtout au plein de la vie de Jésus et
des apôtres, pêcheurs sur le lac de Tibériade ; la ville est
comme endormie ; elle est précédée par une colonie juive
dont les maisons sont construites en blocs carrés de grès
balkanique noir, cernés chacun de ciment blanc... Hôtel
effroyable. Ruée, vers les tables, de deux cents Américains
qui font le même tour que nous ; et, au bord du lac, une
chaleur écrasante, moite ; nous sommes à 200 mètres au-
dessous du niveau de la mer... On étouffe. Belle vue sur la
marina, avec un Cinéma et ses gamins guenilleux qui
psalmodient *baschish, baschish...*

Naturellement, promenade en barque, comme dans
l'Évangile, avec les pêcheurs que nous déclarons avoir
« le type » de saint Pierre. Et, comme il pleut toujours,
nappes lourdes, nous faisons une promenade en auto
jusqu'à *Capharnaum*, au nord du lac.

Je suis un Français, enfin, qui a vu *Capharnaum* !..
Mais je n'en suis pas plus fier. Ce sont des décombres. On
assure que ce fut une cité où l'ordre ne régna jamais...
D'où le terme usuel... Capharnaum où Jésus-Christ accom-
plit de nombreux miracles du lac... L'embouchure du
Jourdain, que nous n'avons jamais aperçu en chemin ;

enfin, *Maria-Magdalena,* où naquit Marie-Madeleine et où se trouve une autre colonie juive.

Volte-face des autos et en route, à toute allure, sur Kaïffa; colonies juives, encore ; le port de Kaïffa, ses souks, riches en soieries... Dans le port, trois bateaux pleins de touristes et de fidèles.

Cette Judée, que l'on voudrait détailler pierre par pierre (d'autres ont eu le loisir et la science de le faire) est bien, pour un observateur superficiel peut-être, mais conscient de la grandeur de ces choses, le plus émouvant des champs de batailles entre toutes les armes et toutes les idées.

CHAPITRE XV

LE SIONISME EN JUDÉE

Voici, toujours en Judée, une affaire ou, plus exactement, une *entreprise* sainte dont le modernisme fait sursauter : le *Sionisme*, resurrection du judaïsme en casquettes, melons et vestons, jupes courtes et bas ·chair, avec palaces, au lieu des paysages ancestraux, des lévites brunes, des toges blanches, des tignasses et barbes noires !... Le *judaïsme*, à la fois du Talmud et du xxe siècle ; à l'électricité, eau chaude et eau froide, tracteurs agricoles, *Shell...* et le reste.

On se frotte les yeux.

Ce n'est pas qu'on n'en ait jamais rien ouï, d'une façon assez vague ou «littéraire», ces temps derniers (1). Peut-être les initiateurs et les dirigeants désirent-ils que ces choses demeurent entre eux, entre gens de même race ? En tout cas, des renseignements détaillés manquent au grand public. On en trouvera, aussi, l'explication dans ce fait que le sionisme marche à pas de géant ; il est né en 1912 ;

---

(1) Voir l'édition 1924 de l'*Annuaire de la Presse*, notice sur le « Sionisme » rédigée par l'« Agence centrale de la Presse juive » (*Annuaire*, 7, rue Portalis, Paris).

il a eu un arrêt brusque ; il a repris, en 1921, un essor incroyable. Actuellement, il a ramené en Judée environ 80 000 Israélites.

Il est donc difficile de suivre ces bonds, d'autant plus qu'en ce qui concerne la France le pourcentage des Israélites qui rentrent au bercail est insignifiant : 5 p. 100 de Français (ou divers) contre 52 p. 100 de Polonais, 18 p. 100 de Russes, 6 p. 100 de Roumains, Lithuaniens, Allemands, sur un total, comme je l'ai dit plus haut, d'environ 80 000 personnes.

La progression est celle-ci : cinq premiers mois de 1924, 2 000 émigrants ; juin 1924, le double ; dans les derniers mois de cette même année, 20 000. Et cela irait *crescendo* si des mesures de régularisation du mouvement et de prudence n'avaient été édictées en août 1925, par l'*Immigration Ordinance*, signée d'accord avec le Gouvernement anglais et sa police.

J'ajoute que les capitaux investis se sont élevés, officiellement, de 1921 à 1925, à 1 890 526 livres égyptiennes (à 140 francs) et qu'on prévoit pour 1926 le besoin d'un million de livres, qui sont attendus de souscriptions privées.

J'ai recueilli ces informations sur place — exactes, sauf erreurs, légères, qu'on me pardonnera, étant donné que je me suis abstenu de prendre contact avec les autorités proprement dites ; je désirais garder toute liberté de voir, avec l'aide seule de personnalités assez indépendantes pour ne pas influencer mon jugement. Car je considère que le *sionisme* est un des événements contemporains les plus graves et dépasse les limites du roman ou du reportage rapide ; il incarne les aspirations — ou les visées — de l'élite opulente et de la masse miséreuse d'un peuple exilé dans les cinq parties du monde, peuple qui compte 15 millions de têtes, croit-on, et qui, subitement, est invité à reprendre une vie régulière, productive, prospère, sur sa terre natale, entre coreligionnaires, entre Juifs, sous l'égide charitable des plus riches d'entre eux. Ceux-ci continueront à habiter leurs hôtels somptueux et leurs bureaux de New-York, Londres et — un peu — Paris, mais ils tireront leurs carnets de chèques aussi souvent qu'il le faudra pour que les pauvres Jeroboam, Levy, Jacob, leurs femmes et leur marmaille, de Pologne, de Russie et d'ailleurs, retournent, sous la conduite d'intellectuels et de rabbins, de financiers aussi, au foyer, à la terre de Salomon et de David.

Eren Israel Fundation fund Keren Hayesod : c'est l'œuvre du *Retour à la Terre*, dirigée par un Comité international (je ne cite aucun nom). Les souscriptions viennent principalement des États-Unis, qui y ont mis une ardeur et une confiance extrêmes, et de Londres, actuellement.

Amérique et Angleterre sont émules ardentes. Désintéressées? Je pose simplement la question et ne pousserai pas plus loin investigations et interrogations sur ce point ; il me suffira de souligner que la Palestine est sous mandat anglais — on le sait déjà — et que Lord Balfour est venu inaugurer une des plus récentes colonies, *Balfouria*.

Il y eut à ce propos quelques incidents, sans portée, disent les journaux... Car le *Retour à la Terre*, c'est un objectif assurément digne d'éloges, voire d'admiration pour une si forte démonstration de vitalité de race et de croyances.

Tout de même, cette Terre avait, hier, en 1920, des propriétaires, dont les aïeux avaient chassé Israël, sans doute, mais c'étaient des propriétaires. On a dû s'entendre avec eux, les indemniser. On dit que des Syriens, personnes interposées ou négociateurs habiles, ont réalisé là-dessus de beaux bénéfices, ce qui n'a pas manqué de mécontenter les tenants de la veille ou leurs voisins.

Laissons ces querelles locales, habituelles à cet Orient, en cette époque troublée par des batailles de religions et les mésintelligences de tribus ; retenons que le Comité international du Retour à la Terre s'efforce de repeupler le pays ancestral comme si les Israélites en avaient disparu (ce n'est pas le cas), mais il entend repeupler selon des règles et des modalités de ce présent siècle : il entend recréer une Judée travailleuse, trafiquant, cultivant, forgeant, bâtissant, etc., forcément entre Juifs, car la quantité de *non-Juifs*, admis pour des motifs exceptionnels, dans les colonies du Sionisme n'atteint pas *un millier* (et j'exagère).

Tout le problème est donc celui-ci : au-dessus de l'entreprise, comme mobiles, la Sainte Tradition, la Foi, la Générosité née de la pitié fraternelle... Puis l'Entreprise elle-même : le retour à la terre, le travail rural ; ensuite, presque tout de suite, en face de l'afflux des *indésirables* qui se présentaient, une réglementation, déjà, issue de l'*Immigration Ordinance* (août 1925) et créant trois catégories d'admissibles : 1° *persons of mean,* ayant des ressources provenant de « hors la colonie » ; 2° *persons coming to employement definitive or prospective* ; 3° *persons...* qui ont des parents en Palestine.

Pour la première catégorie, on exige des *businessmen* (il faut employer l'anglais, dans cette entreprise anglo-américaine ; on verra qu'elle est plutôt « anglaise », plus loin) qu'ils possèdent un capital minimum de 500 livres (à 140 francs) ; de même, les artisans... Quant aux « sans ressources », leurs capacités de gain seront appréciées par le Comité ; ce dernier a fort à faire, car cette catégorie comprend les étudiants, artistes, professeurs, bref les *intellectuels*, si nombreux, l'Israélite n'étant pas « manœuvre » de nature.

Enfin se présente la *mise à exécution* des éléments et conditions de ce plan méticuleusement ordonné, dont a vu à la base l'idée *dominante*, je puis dire : l'idée *dominatrice*. Évidemment, c'est une idée grande et impressionnante. Son épanouissement, la durée de son règne sur la terre des ancêtres dépend des qualités mêmes de la race, plutôt encore que des précautions prises et des sommes dépensées. Chacun me comprendra à demi mots, sans irrévérence devant une telle pensée, sans scepticisme (je ne m'en reconnais pas le droit) et sans illusion.

Que fera Jacob, en tête à tête avec Jéroboam? Et Lia s'entendra-t-elle longtemps avec Rebecca? Qui mangera l'autre?

Déjà, des illusions se sont envolées. J'ai dit qu'on compte 80 000 Juifs rentrés en Palestine, mais il y en a eu davantage ; on m'a dit 120 000 et on a ajouté que 40 000 individus, par conséquent, sont repartis pour des destinations inconnues. Ils ne pouvaient s'habituer au travail manuel, agricole, qu'ils estimaient au-dessus de leurs forces ou éloigné de leurs goûts. Ils se plaignaient de la modicité des salaires, qui sont, en moyenne, de 12 à 15 piastres par jour (soit environ 20 francs).

Un Juif qui peine tout le jour, en quelque pays que ce soit, gagne autant, sinon davantage, avec plus de liberté car l'organisation établie par le Sionisme ne laisse pas, si habile et fraternelle qu'elle soit, de comporter certaines charges et obligations. On a cherché, — mais je ne crois pas qu'on l'ait trouvée, — une forme d'administration publique, dégagée d'entraves. On a fait des ébauches de représentation des corporations ; on a songé à un Parlement ; on a désigné ou nommé des magistrats municipaux, en même temps qu'on publiait des journaux de bonne propagande, écrits, comme les actes publics, en une langue *neuve*, qui n'est ni l'hébreu littéraire, ni le *youddisch*, commun.

Mais, au-dessus de ces louables efforts, plane l'autorité supérieure, — *tutélaire*, — du Haut-Commissaire britannique, qui, en réalité, a la haute main sur tous ces organes plus ou moins fragiles et éphémères... Bref, je crains, pour l'Idée, qu'on en soit toujours à la période des tâtonnements et qu'elle prenne finalement une tournure politique.

Les capitales du Sionisme. En tout cas, pour la réalisation des principes de réglementation, un plan d'ensemble s'accomplit avec une trépidante activité.

Le Retour à la Terre s'étend de Jaffa à Kaïffa, avec plusieurs écarts de la route. A Jaffa est née la ville de Tel

Avit ; Kaïffa est le noyau d'entreprises agricoles, voire industrielles (ciments, briques, métallurgie).

Tel Avit est vraiment un phénomène d'éclosion. Ce sera, c'est déjà la ville gaie, intellectuelle, mondaine. On la découvre à la porte de Jaffa, dont elle est un des faubourgs ; Jaffa fut le port de Jérusalem ; façon de dire, car les bateaux mouillent en mer à plusieurs *miles*, derrière une barre de rochers ; on en descend au petit bonheur, souvent dans des paniers ; la barcasse se glisse sur la crête des vagues, entre deux écueils. La *marina* est si étroite, au pied de vestiges de donjons, qu'on ne peut y laisser les marchandises ; un petit train les transporte aussitôt vers le haut de la cité, populeuse et crasseuse, sans électricité, sans eau, du moins en quantités suffisantes. Le gouvernement mandataire ne s'en préoccupe pas : il a d'autres soucis.

Sur la grève, à la sortie, se tient un marché où s'accomplissent, en plein air, des rites de boucherie sauvage : on vend et on dépèce sur place les animaux d'alimentation mis en pièces et emportés par morceaux, jusqu'aux toisons et peaux sanguinolentes... On fuit ce spectacle assez répugnant, et voici une villa élégante, puis deux, puis tout un groupe : Tel Avit commence et ses boulevards (dénommés *Rothschild*, etc.), ses avenues, ses rues spacieuses, bordées d'arbres, plantées de fleurs, vont jusqu'à la grève de mer.

Elles sont de toutes architectures, italienne, hindoue *dauvillesque*, anglaise, turque ; jaunes, blanches, roses, avec des marbres, des ferronneries d'art et de magasins de ferblanterie. Un stade offre le spectacle d'une partie de foot-ball : c'est *Colombes* avec 2 000 spectateurs en cas-

quettes et petits chapeaux pots de fleurs; un *Gymnasium*
colossal termine une avenue ; des hôtels opulents sont prêts
pour la clientèle de choix ; une grande banque anglaise
installe ses bureaux ; les Messageries Maritimes ont une
coquette agence ; des boutiques de luxe et d'utilité tendent
des éventaires alléchants, d'orfèvreries, de vêtements, de
fanfreluches ; des entrepreneurs affichent leurs adresses,
uniquement hébraïques, car le bâtiment va le diable,
truelles, marteaux, camions ; on reconstruit ainsi le Temple
de Salomon, toujours rêvé, et il prend des aspects d'Exposition Universelle inachevée, de cité du Far-West, de
nid de repos sur nos côtes normandes, de rendez-vous
de sport et d'enseignements, car les annonces de leçons et
de cours abondent.

Dans ce cadre luxueux, d'un luxe à facettes, tapageur,
on me montre des villas appartenant à des dames de la
haute société juive, anglaise, qui y passent la bonne saison ;
à côté, ce sont boutiques et boutiques, où sont aux aguets
du client vingt mille âmes, juives, exclusivement juives.
Ces vingt mille « retour à la terre » unissent les joies du
casino et du dancing au travail intellectuel et moralisateur.
Du moins, on en est persuadé pour l'instant.

Vers Kaïffa, le travail manuel, agricole, reprend ses droits
à la vie ancestrale. Contraste vigoureux : plus d'éclats de
bien-être ; c'est la dureté des débuts. Les colonies agricoles s'égrennent aux bons endroits de culture, irrigués
artificiellement ou naturellement, parsemés de bidons de
Shell, de charpentes de fer, de tas de tuiles et de moellons
fabriqués sur place. Elles ont des étendues et des états

d'achèvement très différents, en général peu alléchants. J'en ai visité plusieurs, sur trente ou quarante, peut-être davantage. La plus considérable ou la plus récente est sans doute ce *Balfouria*, aux approches du mont Thabor. qui a l'air construit de la veille, avec ses maisons recouvertes en tuilots de Bourgogne, ses alignements de rues, ses élévatoirs aériens d'eau. Ou encore, le centre qui est aux portes de Tibériade, ou *Marie Magdalena*. Tout paraît en bon ordre général, mais sans joie du travail. La sensation éprouvée par le visiteur est celle d'un perpétuel « devenir ».

Ainsi de suite, jusqu'à Kaïffa, vers laquelle s'avancent des chariots remplis d'ouvriers faubouriens, de femmes en cheveux plats, de gosses plutôt laids, aux traits sémitiques fortement accusés. On devine que le labeur quotidien est pénible au milieu de vignes, d'oliviers, de champs de blé récemment plantés, au milieu d'ateliers en charpentes grossières, ouverts à la bise aigre et aux coups de pluies torrentielles.

Enfin, bonne chance, bonne chance à tous, fils d'Israël, peinez et « croyez... ».

Londres — qui sait l'appui que vous lui donnerez ? — travaille pour vous et pense beaucoup à vous.

AU CAIRE. — Les Pyramides.

AU CAIRE. — Le Sphinx.

MUSÉE DU CAIRE. — Statue de Scheick el Beled.

PROMENADES EN ÉGYPTE

CHAPITRE PREMIER

DE KAIFFA AU CAIRE

Fin mars.

De Kaïffa au Caire, c'est dur. Quinze heures de chemin de fer, de 8 heures du matin à 11 heures du soir, avec un transbordement, à El Kantara, sur le bord du canal. Route datant partiellement de la guerre, achevée par les Anglais, *inch* par *inch*, avec du matériel qu'ils avaient fait venir des Indes, en démeublant, rails et wagons, leur ligne du sud, où ils avaient réduit les transports. Lourd sacrifice d'amour-propre et d'intérêt, mais il s'agissait de garantir le canal que des bandes turques avaient approché de bien près, si même elles ne l'avaient traversé.

Maintenant, la voie militaire ainsi construite est ouverte au commerce et aux voyageurs, qui sont nombreux. Wagons-restaurants ; quelque apparence de confort ; le train, lent, coupe avec de fréquentes stations des plaines et des plaines de sable et de grès, nos dunes du Pas-de-Calais ou du Sud-Oranais, plantées de touffes d'*oyats*. Des dunes plus élevées font figure de cirques de collines, où réapparaissent les rochers de la Palestine. Des palmeraies encerclent des villages en *toub*, avec de minuscules minarets et des débris de fortifications. Populations plutôt bédouines, aux vêtements noirs et bleu noir. En général, l'existence passive des errants et des primitifs pasteurs de chèvres.

Certains de ces villages nègres qui rappellent Tombouctou et les agglomérations de cases de pierres révélées par les récentes explorations automobiles, vers le Tchad, portent des noms retentissants de batailles et de personnalités célèbres. A Gaza, la mort de Samson, attaquant les Philistins, Richard Cœur de Lion et une défaite des Croisés (1244) ; plusieurs grandes colonies juives au croisement de la ligne vers Jérusalem, où la verdure et les orangers reposent les yeux éblouis par le désert que parcourut la sainte famille... Des tours et des créneaux, encore, toujours, de l'époque des Croisés ; Godefroy de Bouillon... Puis, tout à coup, l'évocation d'un combat où des troupes britanniques battirent les Turcs, en 1917... Il y a force gloires et grands gestes ensevelis sous la pioche des hordes pillardes et sous les rafales de simoun.

Ce qui n'a pas changé, c'est le tracé des pistes, au flanc des collines ou sur le mouvant tapis des dunes. Le flair des chameaux ne les trompe pas, et l'enchevêtrement immuable de ces lignes droites ou brisées, zébrant l'immensité jusqu'à l'horizon, d'une traînée de limaçon, est le plus sûr document géographique. Des hommes et des bêtes les suivent, du même pas coulant, depuis des milliers d'années.

Vers 5 heures, une masse inattendue se montre : une coque de bateau ! Nous oubliions l'approche de la civilisation ; c'est le canal, c'est un paquebot de compagnie anglaise avec ses passagers en costumes clairs, — les *blancs* d'Extrême-Orient, — qui se penchent par-dessus les bastingages. Saluts de la main... J'ai une envie sotte de me hisser à bord et de m'installer sur un de ces rockings de la «plage arrière», où on devine le pétillement des verres de wisky-soda. Le paquebot m'emporterait à Colombo et en notre Inde française, où le cœur de mes bons amis Hindous et créoles bat toujours à l'unisson du nôtre, où que nous soyons. Mais il faut revenir à la réalité, aux désagréments du passage en bac, très court (car le canal a la largeur d'une de nos rivières du nord ou du centre, canalisées). Puis c'est la réinstallation dans un autre train, bondé d'officiers anglais qui transportent tous un sabre, des crosses de golf et une raquette de tennis, armes usuelles de l'impérialisme... Parfaits gentlemen, le soir, au club.

✳

La ville tentaculaire. C'est bien le mot pour Le Caire, cette cité qui couvre près de vingt kilomètres carrés d'un fourmillement de mosquées (plus de 300) de citadelles, palais, masures, villas, palaces, et qui draine dans l'univers, par milliers et milliers incessamment renouvelés, les musulmans, les chrétiens, les

Syriens, les Juifs, les Italiens, les Arméniens, les Américains, les Tchécoslovaques, bref, tous les échantillons de la peau noire, blanche et citron, à l'exclusion seule des Chinois et des Japonais non rencontrés par nous, jusqu'ici... Les Asiatiques sont représentés par des Cinghalais et des Hindous de Bombay, qui tiennent leurs bazars de curiosités coutumiers. La population s'est accrue de 200 000 têtes en dix ans ; elle dépasse le million, et elle ira sans doute *crescendo*, de telle sorte qu'on pense qu'avec la force de la natalité autochtone l'Égypte, au prochain recensement, atteindra le chiffre de 18 à 19 millions d'âmes.

Les causes de cette aspiration mondiale sont, pour les uns, musulmans, la sainteté des mosquées et la réputation de la vieille Université cairiote, dont les *ulemas* donnent le pur enseignement sacré à dix mille élèves. Pour les autres, ce sont la multiplicité et les facilités des commerces en gros et en détail, sans fatigue, dans une chaleur propice aux siestes, à l'ombre des devantures abaissées.

Pour d'autres, encore, c'est la renommée de l'Égypte « pyramidale » ; en dernier lieu, le coup de fouet de la résurrection de Tut-Ek-Amon, qui fournit des enseignes aux magasins, des modèles de meubles et des colorations de broderies, qu'il était temps, peut-être, de renouveler, car le Scarabée, le Lotus et la Momie, comme le Roi, la Reine et les grands chefs au profil droit, à l'œil oblique, à la tunique raide, ont beaucoup défilé, ces années-ci, sur les écrans de cinéma. Le « style momie » était menacé. Tut-Ek-Amon lui apporte des variantes et des adjuvants, aussitôt stylisés par les copistes de son mobilier funéraire.

Oublierai-je les maigres échines des ânes, les balancements des chameaux, les couchers de soleil sur le Nil, les clairs de lune aux Pyramides, et la douceur d'un climat que les pluies gâtent fort rarement, d'octobre à mai. Que si, par malheur, le *Falum* infligeait au Caire cette insulte d'averses diluviennes ou de fraîcheurs d'autant plus désagréables qu'aucun moyen de chauffage n'est nulle part prévu, alors ce serait un désastre national, dont on ne parlerait qu'en assurant qu'il est sans précédent et sans suites possibles.

Mais cela ne se produit guère, et Le Caire sera toujours un irrésistible aimant de tous appétits de jouir et satisfactions de s'étendre et de lézarder au soleil, avec la joie de sentir qu'on vit, *soi*, parmi tous ces morts, parmi ces glorifications artistiques et follement grandioses de la mort qui n'est qu'une transition vers une vie nouvelle.

De ces élans, Le Caire est digne, car, en science, en art, en histoire, il offre de prodigieux tableaux de splendeur architecturale et d'opulence moderne. A cet égard encore, s'il ne dépasse Calcutta, Bombay, Constantinople, il égale tous les autres grands lieux de rendez-vous de foules.

Le centre de la ville est admirablement aéré, coupé de belles avenues, avec les ordinaires commodités de l'européanisme rapide, des tramways électriques, taxis, victorias, landaus élégamment attelés ; çà et là, des parcs plantés d'arbres tropicaux et de fleurs, de palmiers et de bougainvilliers, en cascades épaisses et rouges, sont des reposoirs de promenades délicieuses, vers le soir, reposant.

Les boutiques de toutes marchandises, avec des succursales des grandes firmes de *nouveautés* ou modes londoniennes et parisiennes (Louvre, Bon Marché, Printemps) voisinent avec les étalages, étincelants de cuivres, soieries, ivoires, des cosmopolites Cinghalais et Persans du nord de l'Inde ; on trouve des pâtisseries à l'instar des nôtres ou installées dans de petits jardins ombragés, avec l'orchestre du *five o'clock tea* ; on parcourt un circuit de galeries couvertes, plus plébéiennes et fréquentées par des marchands et des clientèles de ressources et tenues moindres ; on trouvera un grand « quartier réservé » où les marchandes de plaisir ont les cheveux coupés de la Place Blanche et les tignasses crêpues, teintes au henné, des Soudanaises de Djibouti.

Que sais-je, de plus ? Théâtre... Cinémas, bien entendu... Un fleuve d'or, de *piasires* s'écoule ainsi, parallèle à l'autre, le grand, le Nil, qui apporte, avec les paquebots et le rail d'Alexandrie, la pitance quotidienne et les agréments d'une existence large et facile, à ces centaines de mille bouches, à ces mains tendues vers les délectations matérielles ou intellectuelles, celles-ci secondairement peut-être.

Oui, Le Caire d'aujourd'hui est le *Minotaure des races*, formidable...

⚘

Croquis de partout. Que peut-on décrire, là dedans ? « Cela » se sent, se respire, s'exhale en six jours, peut-être. On en jouit épicuresquement en un mois ; on y fait des études en un an.

J'ai déambulé, comme d'habitude, l'œil aux aguets, l'oreille en écoute.

Voici : *hôtels, mosquées, vieux quartiers, pyramides, alentours*, etc...

A L'HÔTEL. — Les hôtels, au milieu de la ville, seraient tels que les palaces de Suisse, de Pensylvanie ou de Madrid, s'ils ne rehaussaient leur confort connu et ne se faisaient pardonner leur cuisine uniformément fade et fatigante, par l'extravagance bruyante et divertissante de la clientèle.

Il est neuf heures du matin : l'hôtel, qui a un beau jardin en arrière, étale sur une voie principale, en face d'un parc public, une vaste terrasse, avec des vélums et des rideaux contre le soleil qui arde déjà. Là-dessus pépie, ainsi qu'en une volière, une multitude d'êtres humains dont le sexe est presque difficile à fixer, du premier coup d'œil ; ils sont deux cents, quatre cents, davantage, qui arrivent essoufflés, agités ou solennels, derrière des porteurs de valises, compliquées et impressionnantes ; une caravane d'Américains, roides, rougeauds, débarquent du bateau pour quelques heures ; des Anglais sont à demeure et fument la pipe sur des rockings-chair ; parmi eux, l'ineffable vieille dame, cette *dear old little thing*, « chère vieille petite chose », qui a enveloppé le pot de fleurs à plumes qui couvre sa tête avec un voile rose, vert, poussiéreux ; un *old fellov*, son fils ou mari, qui a les manches retroussées, le sombrero cow-boy, des bottes à l'écuyère ou des bas écossais ; un autre qui est vêtu de blanc, avec le casque colonial et des souliers de bains de mer ; un troisième qui a gardé son melon ou qui a acheté un fez, la veille, autour duquel il a roulé une écharpe écossaise ; un dernier, qui est équipé en gentleman rider, prêt à monter en selle pour faire un parcours de steeple (il va monter à âne ou à chameau) ; un dernier, qui a la figure à demi masquée par des lunettes noires, avec volets jusque sur les oreilles... Bref, une ménagerie de Tartarins et de *Marius le Brave,* en majorité anglo-saxons, mais qui s'interpellent dans les idiomes les plus incompréhensibles : nasillement des Américains, appels gutturaux des Argentins et Chiliens ; *sabir* des sédentaires qui frappent dans leurs mains ou grognent des injures arabes à l'adresse des servants de *wisky* ; ceux-ci, en tuniques blanches, ceinturés de rouge, ne se pressent jamais.

Au bas des escaliers, guettant la proie, se tient un grouillement de guides, marchands de cartes postales, ambres, cigarettes, cannes et chasse-mouches, qu'un constable anglais et un policier égyptien, flegmatiques et muets, cherchent à discipliner. Tout ce *populo* prend possession de la caravane qui débarque et la tient sous la domination de son incessante et lancinante mendicité ; il réclame, il supplie pour le *baschich* que le moindre geste (un coup de torchon sur les bottines) semble justifier ; il prend sa revanche sur l'envahisseur et, s'il n'obtient pas satisfaction immédiate, il se colle à lui, l'accompagne, le harcèle ou le cajole jusqu'à lassitude et reddition... Il a 20 p. 100 de récompense, plus tard, chez les marchands et les

baschichs... Seuls, ont une attitude hautaine et obsé-
quieuse les « beaux guides », les éphèbes en robe de drap
fin, au fez fièrement campé, qui ont séduit par leur
flamboyant regard l'Américaine dont ils serrent le bras
pour qu'elle monte en auto. Ceux-là n'ont pas de prix
fixe.

Le soir, vers 7 heures ; au même hôtel, changement de
décor, non moins savoureux : la caravane et les sédentaires
se sont habillés pour le dîner, majestueux ; smokings et
robes de soirée dont l'aspect est le plus bariolé. Ce sont des
modèles de Cincinnati. Paris, Londres et Caracas, corrigés
ou complétés par des fanfreluches égyptiennes achetées
l'après-midi ; les vieilles dames ont recouvert, comme les
jeunes, leurs épaules maigriotes ou charnues avec des
châles brodés de larges fleurs safran, rouge, vert ; chacune
son collier de verroteries qui imite l'ambre, son penden-
tif au scarabée vert... Et cette « Babylone » cosmopolite
tangue jusqu'à minuit aux sons d'un jazz.

⤞✦⤝

Mosquées et tombeaux. — J'ai dit qu'il y en a trois cents
au Caire? C'est parce qu'on appelle ainsi, comme à Constantinople, chaque coupole, chaque minaret. En réalité,
deux ou trois mosquées méritent une longue visite : celle
du sultan Hassan, dont le minaret a 90 mètres et qui est
construite en croix grecque ; celles de Mahmoudieh, d'El
Ahzar, dans la cour de laquelle se donnent les cours de
l'Université musulmane. Les *Guides* sont, sur ce sujet, à

la portée de toutes mains... Ces mosquées ont, surtout, l'intérêt d'être fréquentées par les fidèles, ce qui a disparu de Constantinople et ce qui continue, au Caire, sa réputation de coranisme fidèle. Les tapis sont superbes, d'origine européenne ; les albâtres, les ors, les marbres neufs, chantent les enthousiasmes de la foi persistante et les générosités des souverains modernes. On aura surtout cette vision mélangée aux tombeaux, assez récents, des Khalifes, qui attestent, sans plus, l'habileté, sinon le goût, des orfèvres et tailleurs de marbres.

Ces buts de promenades « officielles », imposées en quelque sorte au touriste, me laissent dans leur ensemble la conviction d'une grandeur égyptienne ancienne et durable. On l'éprouve tout à fait en visitant la *Citadelle*... Mais là, que vois-je? A l'entrée, des silhouettes qui ne sont guère égyptiennes : la garde est montée par de grands gaillards en jupes courtes, à bonnet de police, à buffleteries bien luisantes. Ne sont-ce pas des Écossais, bons sujets de Sa Majesté royale et impériale britannique?... A méditer...

⁂

COMMERÇANTS ET « SHOPING ». — Il est exquis, en voyage, de faire ce que les Anglo-Saxons nomment le *shoping*; on va d'*échoppe* en *échoppe*, c'est-à-dire de boutique en boutique, pour acheter le souvenir familial ou l'objet de collection, qui, quelquefois, sera antique. Le *shoping*, au Caire, est abondamment pourvu ; il se compose, autour des hôtels, de stations chez les marchands de Bombay et Colombo qui ont raflé les cuivreries gravées, les broderies persanes, les ivoires japonais, pacotille d'Extrême-Orient, mais qui n'y joignent guère (sauf les châles, et, encore, ne sont-ils pas espagnols?) d'objets de *style égyptien*. La *Momie* et les *Pyramides* ont exclusivement inspiré les argentiers, ébénistes ou brodeurs. On rencontrera pourtant des essais rares chez un marchand (maison Hatoum), qui, en plus de ses collections de musées traditionnelles, avec franchise fabrique du « vieux neuf » égyptien. Il le fabrique sous la vue du visiteur, en un atelier où sont occupés une vingtaine d'artisans et de gamins, lesquels martèlent, cisèlent, enluminent des objets décoratifs dont le dernier type est, bien entendu, le Tut-Ek-Amon. Cette découverte marquera une date dans l'art égyptien.

Mais la joie du *shoping* — du désœuvré — ou de la promenade se déploie avec une intensité spéciale dans les rues occupées par les petits commerçants ; ils ne forment pas de *souks* ; ils sont en boutique à l'européenne, assemblés par métiers; parmi ceux-ci, j'en ai noté qui ont une simplicité charmante pour l'étranger.

Comment ne pas sourire sympathiquement à cet honnête commerçant qui, en pleine circulation d'une foule de femmes voilées, de bourgeois ventrus, de *fellahs* en robes traînant sur les talons, tient placidement un étalage de fourrages verts pour les ânes ? Et cet ingénieux bonhomme qui a, devant lui, trois cylindres de cuivre, verticaux? Il *repasse* sur ces cylindres, instantanément, les fez qui doivent être impeccables... Et ce caouedji ambulant,

qui a, sur le dos, une si belle fontaine en cuivre rouge, bien
astiquée, vieille comme les mosquées ? Et ce *calligraphe*,
dont le matériel consiste en deux feuilles de papier et un
stylo Waterman ? Et ces fabricants de monuments mortuaires, constitués par une pierre verticale, avec, à
chaque bout, une stèle, droite? Il nous ramène, celui-là, à la
vieille, à l'immortelle Égypte et à son culte de la mort, ou
plutôt de la vie sans cesse recommençante.

Précisément, à ce point de notre flânerie, nous sommes
tout près de cimetières (un pour chaque religion et on en
connaît trente !). Des enterrements défilent ; ils ont tous un
air d'apparat, très solennel et recueilli. Pour les pauvres, le
cercueil est porté sur les épaules, dans un drap blanc, suivi
d'une cohue de pleureuses en noir ; pour les riches, c'est
un char d'argent, précédé par une fanfare, environné par
des confréries religieuses habillées de vert, qui tiennent des
cierges allumés et des bouquets de fleurs ; ou mieux, un
char en or, tout en or, à six chevaux caparaçonnés tenus
en main, et courbant fièrement leur col, aux plumets et
queues de paon.

MEMPHIS, SAKKARA, HÉLIOPOLIS, LE NIL. — Entre
autres, l'excursion à Memphis et aux Pyramides de Sakkara est très tentante. C'est en ces endroits sacrés que notre
grand savant Mariette-Bey fit ses plus retentissantes
trouvailles, et où il restitua le culte du Bœuf Apis. Memphis
est à petite distance du Caire, en automobile. Nous en

prîmes la direction, mais, au bout de quelques kilomètres, le simoun se leva et un supplice commença pour nous. J'avais goûté désagréablement le simoun (ou siroco) aux environs de l'oasis de Figuig, et il m'en avait cuit. En Égypte, son contact, au degré où nous l'avons eu, est un supplice. Il soulève une poussière si ténue, si impalpable, qu'elle pénètre sous les voiles et les lunettes, et elle cause une irritation de la peau bientôt insupportable. En outre, elle dissimule, sous ses tourbillons, les paysages et les monuments, qu'elle a d'ailleurs ensevelis pendant les siècles, que Mariette a devinés et qu'il faut constamment déblayer.

A travers ce brouillard mouvant, nous avons vaguement repéré la statue d'un Ramsès, qui gît à terre, la tête sarcastique d'un immense Sphinx; plus loin, les Pyramides de Sakkara, où l'on accède par des degrés, puis des vestiges de temples qu'on ne pouvait approcher.

Il fallait fuir. Vers le même soir a eu lieu un léger tremblement de terre dont nous avons senti la petite secousse. Les deux phénomènes sont concomitants, fréquemment.

Nous nous sommes consolés de cette mésaventure de Memphis en visitant *Héliopolis*, la cité où les rois étaient couronnés et qui, bourgade indigène avec une palmeraie, a maintenu debout un des trois ou quatre obélisques qui subsistent en Égypte (deux à Louqsor). Tout auprès, on a édifié la station balnéaire, sans bains, d'Héliopolis, qui se distingue par l'hôtel de huit cents chambres où on avait, naguère, établi des jeux publics. Copie, décuplée, de Monte-Carlo; l'hôtel manque de clientèle, faute de tables de roulette, pour lesquelles l'autorisation a été retirée.

Mauvaise affaire, mais, autour, s'est effectuée une large spéculation sur les terrains, plantés de palmiers, où on a construit une sorte de « Bécon-les-Bruyères » pour Cairiotes qui ont trop chaud.

Enfin, nous avons plongé notre esprit dans le vénérable *Nil*, père nourricier de tout, ici. Sans lui, l'Égypte serait le Gobi ou le sable d'Insallah. Il achève de nous éclairer sur les sources et la marche, qui ne sont plus mystérieuses, des âges et des dynasties qui s'inscrivent autour de nous, en pierres debout ou couchées. On mesure sa force en une petite journée de bateau, très agréable, qui conduit notre Croisière jusqu'au premier barrage « scientifique » édifié par des Français. Car, à chaque pas, ici, s'avère la puissance de nos initiatives et de nos aides fructueuses pour chacun.

Les bateaux ont le type des *Hirondelles* parisiennes, qui, sous l'égide de l'Agence Cook, autre reine du pays, poussent des milliers de touristes sur les cataractes. Une cinquantaine de passagers y trouvent place, avec toutes commodités, et lentement l'excursion s'accomplit, au long des rives admirablement cultivées. Les *norias*, ces machines élévatoires dont la roue est formée par un chapelet d'urnes (jadis) ou de godets métalliques, tournent sans arrêt, mues par deux bœufs, et elles amènent le liquide bienfaisant au milieu des plaines sans limites appréciables, fourmilière de fellahs noirs, lentement affairés. Silence complet, le silence du travail ininterrompu et tel depuis le sommeil des derniers Pharaons. Nous admirons, muets... Au bout d'une heure, c'est un jardin botanique qui s'épa-

nouit sur le barrage même, aménagé avec un goût parfait et sillonné par des wagonnets que des hommes traî-
nent en courant... Baschichs, mais, cette fois, on les donne
de bon cœur.

Les Pyramides. — Personne ne me pardonnerait de
n'avoir pas dit mon mot sur les Pyramides. Il sera bref :
leur renommée serait plus justifiée si elles ne sollicitaient
le touriste aux portes du Caire, au début du voyage. On
voit trop de monuments, plus loin, qui ont une puissance
d'évocation bien plus prenante ; mais ce sont, pour tout
le monde, les *Pyramides*, et leur dernière histoire va de
Napoléon et des *quarante siècles* à Sarah Bernhardt !
L'excursion de la grande tragédienne a causé une telle
impression dans le pays que des chameaux destinés aux
excursionnistes portent son nom.

On se rend terrestrement aux Pyramides par une avenue de villas et palais ; au passage, en ce moment, on
aperçoit une exposition agricole, avec *Luna Park* et Palais
du Fer et du Bois. Les Pyramides se dévoilent aussitôt
après. Leur profil, à distance, ne crève pas le ciel, tant
celui-ci est large, infini... «Ah ! ce sont les Pyramides ? » On
descend d'auto et, en premier lieu, se déroulent des rites
de badauderie qui risquent d'accentuer la petite déception
initiale, si on ne réagit, avec bonne humeur.

En effet, tous les touristes, retombant en adolescence,
se préparent à recommencer les prouesses équestres qu'un

certain nombre d'entre eux accomplirent, étudiants, à Robinson, auprès de Sceaux. Il s'agit d'aller à cheval, à âne ou à chameau jusqu'aux grands sables. Et un cortège charentonnesque s'organise : on hisse des mastodontes germaniques et des ossatures anglaises sur les bosses de vaisseaux du désert qui grognent, regimbent, se lèvent brutalement et secouent ces femmes affolées. On écrase des ânons ; on est secoué par des cahots de carrioles sans ressort...

Une tourbe de guides et conducteurs lancent la caravane sur une pente crayeuse, longue d'un kilomètre, vers le pied des pyramides, sur lesquelles les plus enragés peuvent grimper, poussés par d'autres guides ; de là, d'en bas, on mesure vraiment l'effort des milliers d'esclaves et prisonniers qui, un à un, entassèrent et enchâssèrent ces blocs de granit, destinés à marquer la sépulture d'un roi. De là, également, on embrasse le panorama splendide du Caire et du Nil que ces pierres écrasaient de leur poids phénoménal. C'est la domination « figée ».

Au bas est le Sphinx, au nez camus, brisé. On le répare. Un chantier est béant devant lui, dont le désordre nuit à sa fière attitude.

C'est donc le Sphinx ?... On attendait mieux. Ou « autre » chose. On ne sait. Et on s'en va, assez mortifié. C'est, encore une fois, trop près de ce Caire, aux rues vibrantes. Et pourtant, le désert, le véritable désert est là, proche lui aussi ; le Sphinx l'observe, les yeux vides... Mais, derechef, éclatent ces bruits qui écartent la rêverie qu'on souhaiterait : les criailleries, les vexations des âniers et chameliers,

Dahabiehs sur le Nil.

La prière au désert.

7

THÈBES. — Les Atlantes du Ramesseum.

Village indigène, près de Louqsor.

retentissent comme au départ et gâtent toute beauté...

Il faut rentrer vite, à l'hôtel voisin, — trop voisin, lui aussi, le bel hôtel, — et y attendre le coucher du soleil. Alors les Pyramides se font pardonner leur vulgarité touristique : les derniers rayons de lumière en rosissent le faîte ; l'atmosphère s'est épurée et la journée s'achève en un accord des curiosités et des admirations satisfaites.

CHAPITRE II

LOUQSOR, KARNAK ET LA VALLÉE DES ROIS

Vingt-six heures de wagon-lit entre Le Caire et Louqsor, Karnak, la Vallée des Rois, le tombeau de Tut-Ek-Amon. Au petit jour, la vue des premiers champs de canne à sucre, que des centaines de travailleurs bottellent hâtivement. Des champs de pavots en fleurs. Des norias cahotantes, placidement. Par échappées, des palmeraies, le cordon bleuâtre du Nil, large et lente moirure.

On peut aussi aller à Louqsor par le fleuve, à bord des bateaux-hôtels ou des *dababiehs*, aux voiles triangulaires, croisées en X, qui sont monopolisées par l'Agence Cook ; celle-ci loue même des *dababiehs* plus petites, individuelles. Trajet coûteux et qui doit être monotone, car on se lasse bientôt de ces solitudes parsemées des mêmes norias, villages de toub et petits minarets. Mieux vaut prendre le railway.

Louqsor, Karnak et la Vallée des Rois fournissent à l'égyptologie ses plus complètes clartés et joies.

***Les trésors
de Musées.***
Dans mes notes sur Le Caire, j'ai passé sous silence le Musée des Antiquités, parce que je souhaitais saisir, en un ensemble, les éléments de passion artistique et historique qu'il condense, en pièces détachées, méticuleusement classées et bien présentées, dans des salles spacieuses.

L'attention y est concentrée maintenant sur le trésor de Tut-Ek-Amon, qui, de sa tombe ouverte, a été exposé là. C'est, à tous égards, la merveille des merveilles d'orfèvrerie. Il comporte, avec quantité de statuettes intimes et religieuses, le cercueil en or, — épousant le corps, — où dormait le roi ; le casque, en or également, qui recouvrait son visage ; son trône, du même métal ; des fauteuils, tabourets, objets de ménage et ornements d'apparat, soit, en tout, de l'or et de l'or, estimé à plus de 4 millions de francs, guilloché, ciselé, rutilant.

Par ailleurs, en statues, en momies, en papyrus, etc., ce Musée est plus riche que le British et le Louvre, ensemble, et on ne s'en étonnera pas quand on notera la récente disposition prise par le gouvernement égyptien, lequel a édicté que les trouvailles égyptologiques, désormais, appartiendraient à l'État, notamment le mobilier funéraire de Tut-Ek-Amon. C'est le meilleur moyen, peut-être, de les arracher à toutes convoitises.

Du coup, les chantiers des missions étrangères, qui n'acceptent pas ces décisions nationalistes, ont été fermés.

Les chantiers français, notre pays s'étant incliné, travaillent. Nos savants viennent, en ce mois, de mettre au jour deux bustes de rois qui sont des pièces rares.

Il n'est que faible justice de rendre hommage à l'énergie, à la clairvoyance et à la conscience de ces savants français (et étrangers aussi) qui joignent à la tension perpétuelle de leurs facultés inventives l'ascétisme d'une existence frugale et dangereuse, à cause des piqûres de mouches, autour des tombeaux. Leur récompense est toute d'ordre intellectuel, car les fonds mis à leur disposition sont plus que modiques, au cours du change surtout. Il leur est nécessaire de faire des prodiges d'économie et de persévérance pour maintenir les équipes de terrassiers qui partent avec eux, au lever du soleil, trottant à côté de l'âne du chef. Le chantier est un cimetière de colonnes, éparses autour d'une tente de toile ; un lit de fer, en plein air, avec un coffret de bois, est prêt pour le gardien de nuit ; souvent, en s'attardant, le savant l'occupe.

Ainsi, et plus rudement, travaillèrent les successeurs de Champollion, de Mariette, Maspero ; puis des Allemands, dont l'œuvre livresque et fructueuse fut énorme ; des Anglais, des Américains, nos concitoyens Lacau, Foucart, Bénédite, (ce dernier mort subitement à Louqsor, ces jours-ci, et dont la perte fut une douloureuse surprise). Cette admirable phalange d'érudits se rattache, historiquement, à la Commission des membres de l'Institut, qui jeta les fondements de cette gloire française.

J'ai eu cette bonne fortune, à Louqsor et Karnak, que les secrets des Temples m'ont été dévoilés par un des membres de la mission française du Louvre, M. Foucart ; il m'a pris par la main, ignorant, ingénu, épouvanté par ces *in-folio* (bien que l'œuvre suggestive et claire de Maspero me fût rendue familière, par sa collaboration au *Journal des Débats*), et il m'a donné un fil conducteur de mes pensées qui est indispensable en ce dédale de marbres.

« Nous allons, m'a-t-il dit, descendre le fleuve des millénaires jusqu'aux Ptolémées. »

C'est la seule citation, précise, que je ferai de l'exposé de mon précieux cicerone, et je dois prendre à mon compte propre les erreurs et les incompréhensions qui suivraient.

⁓✳⁓

Le cours des millénaires. D'abord s'impose un tableau panoramique de cet empire des morts : l'hôtel de Louqsor a sa façade sur le Nil, qui, à l'heure matinale, est calme comme les eaux d'un lac, dans les estampes japonaises. Ma fenêtre laisse entrer une lumière laiteuse ; mais voici bientôt quelques pépiements d'oiseaux ; dans les bougainvilliers et les palmiers nains, sautille notre bon petit moineau de l'Ile-de-France, notre camarade de jeunesse ; puis s'arrondissent les circuits du vol des vautours... Et, bientôt, le Nil s'éveille ; une grande *dababieh* à voiles, pleine de taches noires, — les robes de femmes, — se détache de notre rive et se dirige vers l'autre, en face, où elle dépose les rares habitants des solitudes mortuaires, les âniers, les cochers, les gardiens. Par derrière un camp de tentes et baraques, c'est une steppe rocailleuse, puis un cirque de collines, plus claires, dont les parois sont percées de trous, les tombeaux.

Des tombeaux, et rien d'autre, avec quelques temples à peu près détruits, à l'exception de celui de Mediamouth, où deux salles ont encore intacts leurs plafonds enluminés. Des tombeaux, sur 7 kilomètres d'étendue, bordent les routes en lacets, les rois et les reines séparés, à droite et à gauche de cette vallée sinistre et glorieuse. Les sépulcres de la Cour et de la bourgeoisie étaient édifiés à côté des mausolées royaux. Ils ont été pillés, comme ceux-ci.

On a établi qu'une dizaine de mille individus vivaient jadis dans cette nécropole, mais c'étaient des tailleurs de pierres, embaumeurs, convoyeurs, prêtres subalternes. A ces époques *millénaires* (car il ne faut pas oublier que, plus tard, Thèbes-aux-Cent-Portes, avec son colosse, recouvrit de sa splendeur ces sépultures), les sujets des rois habitaient Karnak sur la rive du Nil que notre hôtel égaie peu à peu avec des oriflammes dressés, les vestes rouges de ses bateliers qui nous mèneront, en *dababieh*, de l'autre côté du fleuve, à la Vallée.

~⚜~

De temple en temple. La *descente des millénaires*, pratiquement, débute par Louqsor, dont le temple est contigu à l'hôtel. Tendons l'esprit et l'oreille. Devant nous, une petite mosquée moderne (il y a 20 000 Louqsoriens, habitant des rues vulgaires) a l'air grotesque et offensant, au-dessus du prodigieux amas de blocs de grès, de fragments de géants marmoréens, que le minaret domine. « L'échelle » moyenne, en tout ceci, pour une statue, est de 3 à 5 mètres ; pour les colonnes, au moins le double, et les plafonds ou toitures plates (ce qui en subsiste) sont en proportion. *Huit* hommes, les bras étendus, entourent une colonne moyenne !

Chaque roi, en effet, avait pour idée maîtresse de dépasser en gigantesque son prédécesseur ; ce dernier avait construit un temple selon des plans rectilignes, simples, offrant de larges perspectives de rues ceinturées de colonnades, avec d'immenses salles où ces colonnades forment une forêt de troncs, qui étaient peintes et rehaussées d'or (par exemple la salle dite des Hypostyles, à Karnak). Sur les murailles, le roi avait fait tracer en creux, plus rarement en relief, la fable de ses exploits guerriers. Il courbait sous sa stature hautaine et cruelle force souverains capturés et dont les noms sont inscrits. Les vaincus du nord de l'Égypte (les Assyriens) sont barbus ; les autres, les nègres du Sud, ont des faces lippues, rasées. Tous supplient, mais le roi, d'après les hyéroglyphes, avait fait couper dix mille têtes ou emmené vingt mille captifs (il en fallait beaucoup pour remuer, transporter et empiler les terre-pleins, en pente devant les blocs des palais).

Là-dessus, le roi mourait et partait pour la Vallée ; aussitôt, son successeur entreprenait un même monument, plus grand, si possible, selon le laps de son existence... Ainsi de suite. Et Louqsor, et Karnak, et combien de témoignages pareils d'orgueil et de puissance signaient, en ces temples, les dynasties et les millénaires. Cette œuvre mégalomane était sans limites.

Les cérémonies religieuses. La destination de ces chapelets d'édifices était exclusivement religieuse ; le roi n'y habitait pas ; à Mediamouth, pourtant, un palais était adjoint aux sanctuaires.

Le déroulement des cérémonies était immuable, de règne en règne.

Le culte d'Ammon était le culte du dieu Soleil parce qu'il ne disparaît jamais ou, plutôt, disparaît pendant quelques heures, pour reparaître avec un éclat nouveau. Thème éternel. L'Égyptien, roi ou peuple, entendait vivre et revivre comme son dieu ; la mort n'est qu'une passagère épreuve d'immortalité. Le cadavre *vit* dans le tombeau ; la momification lui a conservé sa forme, que protège, en trois chapelles successives, sous terre, la triple gangue des cercueils en pierre, bois et métal précieux. Le mort aura donc sa nourriture, qu'on lui apportera, ses serviteurs, qui seront ensevelis vivants, avec lui (on en a retrouvé des squelettes) ou qui seront figurés par les charmantes statuettes de petits boulangers, blanchisseurs, etc... (que l'on aperçoit au Musée des Antiques du Caire). Et le lien entre la famille, le défunt et le dieu Soleil était infrangible, de la sorte.

Voici maintenant le détail du culte : nous sommes entrés dans le temple de Karnak par cette majestueuse allée des Béliers, tant de fois photographiée ; nous avons franchi une porte, qui fut construite sous les Ptolémées et où s'accuse la décadence de la force constructive... Puis, c'est la succession des palais juxtaposés... Au long de l'un d'eux, des degrés conduisent à un petit lac, où il n'y a plus d'eau, qui a l'aspect des lacs de *naumachies*, mais ce n'était pas ce genre de spectacles qu'on y donnait.

Nous sommes toujours dans le domaine de la religion pure, du culte du Soleil, qui puisait sa vigueur perpétuelle dans les eaux du fleuve... Donc, deux fois par an, quand les moissons sont prochaines ou achevées, le roi et ses prêtres attireront sur elles les bénédictions du dieu. Sur le lac intérieur de Karnak repose une petite barque que les peintures murales nous représentent fidèlement, parce qu'elle a dans toutes un pareil gabarit. Elle contient un talisman, peut-être un scarabée, ce symbole énigmatique de la Vie incessante, l'insecte insexué, qui se reproduit indéfiniment, par *autofécondation*... Le lotus avait une signification analogue... On voit un scarabée en granit, auprès du lac et du dernier obélisque, lequel fut construit et dressé en sept mois, dit une inscription.

Bref, le jour de la fête, le cortège royal et sacerdotal quitte le palais et la ville de Karnak, voisine du temple ; il est précédé de la barque du lac intérieur, qui est portée sur les épaules des prêtres. Il parcourt les diverses enceintes, où les gestes symboliques sont accomplis, et il gagne la rive du Nil... La barque est placée sur une *dababieh* qui mesure 70 mètres et, traînée à la corde, elle descend vers l'autre sanctuaire, Loûqsor, où elle prendra repos, pour revenir à son point de départ, à Karnak.

Ainsi s'est dessiné pour moi, très succinctement, le schéma de la vie des temples, dès l'an 4 000 avant J.-C. Ce ne sont pas des hypothèses ou des fables littéraires. Nos savants ont dompté l'inconnu, ligne par ligne, depuis qu'en 1826 Champollion déchiffra le nom d'*Alexandros* sur la pierre dite de Rosette et en fit la base d'une lecture complète des murailles et des papyrus.

Quand on parcourt ces temples avec un compagnon qui a discipliné son cerveau à ce travail en apparence divinatoire et pourtant si précis, on est abasourdi d'entendre le grès, les marbres, les stèles, les statues raconter, sous le signe, sous la figure d'ânes, de petits oiseaux, d'arbrisseaux, l'éclat des guerres et les dépenses quotidiennes des ménagères. Car les hiéroglyphes sont comme des disques de phonographes ; l'un d'eux, en traversant les ruines, nous a appris, par ses inscriptions déchiffrées, la comptabilité des blanchisseurs d'un temple.

En Égypte, on lit quatre mille ans comme un livre ouvert !

CHAPITRE III

LA VÉRIDIQUE HISTOIRE DE TUT-EK-AMON

Il m'a été aussi donné de recueillir des récits véridiques et directs de l'aventure du feu roi Tut-Ek-Amon, que des savants anglais arrachèrent à ses cercueils, où ils le replacèrent du reste, aussitôt, aventure qui fit couler des flots d'encre et qui souleva des polémiques ardentes. Elle est, à coup sûr, tragique. Ce monarque dormait depuis quatre mille ans, au plus profond du sol, où sa dépouille terrestre devait goûter les joies d'une quasi-résurrection momifiée, qui était, on l'a vu, le sort bienheureux des morts qui ne meurent pas. Les invasions barbares l'avaient épargné, et voilà que, soudain, des civilisés sont venus troubler cette existence imaginative, bousculer et inventorier les trésors accumulés sur elle et mener un tapage de presse, d'excitations scientifiques et de désirs cupides auprès de ces restes si longtemps respectés.

Vanité des vanités... *Vampirisme*, ont dit quelques-uns, avec sévérité; coupables émulations... Il se peut. D'autre part, il est permis de plaider les circonstances atténuantes, en raison de la sincérité d'âme

qui anima les violateurs de l'auguste sépulture et, aussi,
en raison du souci de respect et de dignité qu'ils mon-
trèrent dans leurs gestes discutables. A mon sens, ces
entreprises ne sont pas à encourager et à poursuivre. La
science égyptologique est parvenue à un degré de documen-
tation tellement avancé qu'elle n'a plus rien à dévoiler à
nos curiosités en descellant des cercueils. Les statues, les
colonnades, les enceintes sacrées et tant et tant de débris
non encore catalogués et décrits lui créent un champ
d'investigations et d'hypothèses suffisamment étendu.

La vie d'un roi.   Quoi qu'il en soit, Tut-Ek-Amon régna,
vers l'an 2000, durant six années seulement.
Il était le fils d'un souverain nommé Aménophès, qui offre
cette caractéristique d'avoir une « figure humaine » et
non, uniquement, une figure divine et sanglante. Les hiéroglyphes qui lui sont consacrés le présentent comme un
bon mari et un père accessible à tous les sentiments de
famille. Certaines inscriptions disent combien il aimait
sa femme et ses innombrables enfants, lesquels passèrent
tous, tout jeunes, de la vie terrestre à la vie superter-
restre, des palais aux tombeaux. Aménophès s'en désolait,
et il faisait retracer son chagrin sur les murailles de ses
temples au lieu de raconter ses victoires.

Or, un de ses fils, Tut-Ek-Amon, avait pu atteindre l'âge
nubile, qui était la douzième année pour les mâles ; il

succéda à son père quand celui-ci eut été conduit à la Vallée des Rois, et il commença de régner selon l'ordinaire loi de ses prédécesseurs ; il mit les captifs à l'œuvre pour la construction de son temple, et il épousa une fille de souche royale, qui avait neuf ans ; on a retrouvé des lettres écrites à ce sujet et, un peu plus tard, une lettre où la reine, devenue veuve, se plaint d'avoir tout perdu et supplie qu'on lui donne un autre mari.

Le règne de Tut-Ek-Amon fut interrompu par la mort, vers l'âge de dix-huit ans. Ses obsèques eurent lieu selon les saintes coutumes ; elles ne duraient pas moins de deux· ou trois mois et nécessitaient des dépenses et des soins considérables. Les prêtres, les ouvriers de toute sorte, les embaumeurs, maçons, tailleurs de pierre, s'affairaient dans la Vallée, apportaient et œuvraient les matériaux les plus précieux.

Mais assez vite ce deuil décroissait ; le successeur, de son côté, régnait et conviait chacun à célébrer sa gloire naissante. Alors on hâtait les derniers travaux entrepris pour le défunt. Ce dernier avait été déposé dans des enveloppes de pierre, bois et or, et il gisait, à 20 mètres sous terre, en sa troisième chapelle, fermée par une porte de bronze devant laquelle son âme immortelle (ou plutôt sa momie) devait se tenir, à certaines heures, pour recueillir les offrandes, les hommages et les nourritures. Elle avait à sa disposition une vaisselle, des objets de toilette, des insignes de souveraineté, tels un trône, des coussins de pied, des sièges pour les visiteurs qui seraient introduits par les momies des serviteurs ou par leurs statuettes.

Ainsi fut-il fait pour Tut-Ek-Amon, mais, sur le terme de cette organisation de cérémonies, on se hâta et on entassa dans la chapelle des objets de tout genre et de tout prix. C'est pourquoi, dans la cueillette qui a été transportée au Musée des Antiques du Caire, figurent des chefs-d'œuvre d'orfèvrerie pêle-mêle avec des meubles ou joyaux sans valeur.

Enfin, tout à fait à la fin, les embaumeurs ou les prêtres, las de s'occuper de ce souverain qui avait reçu assez d'honneurs, coulèrent du bitume sur le cercueil d'or et sur la momie et, de cette façon du reste, les garantirent contre les déprédations immédiates et futures. Après quoi, des murailles de briques furent élevées devant chaque porte, et le sable et les blocs de granit recouvrirent le petit roi.

La découverte de Mr. Carter. Or, depuis quelque dix ans, un artiste anglais, Mr. Carter, peignait, dessinait, étudiait aux environs de Louqsor et de la Vallée des Rois. Il était épris d'égyptologie, et il avait intéressé à ses travaux un opulent concitoyen, lord Carnavon, lequel l'aidait de ses deniers.

L'objectif de ses efforts était précisé ; on avait repéré, ouvert, vidé, catalogué les tombeaux de trente et un rois sur trente-trois que l'on sait avoir régné dans cette région. Ils sont tous, à peu près, sur le modèle que j'ai décrit, de celui de Tut-Ek-Amon ; on en visite aujourd'hui surtout deux, démeublés, mais ayant gardé des peintures toutes fraîches.

Temple de Karnak.

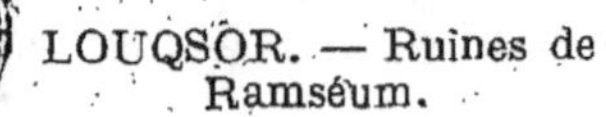

LOUQSOR. — Colonnades
d'Harmhabi et de Sétoni.

LOUQSOR. — Ruines de
Ramséum.

Phot. Mme Mailline.

La Vallée des rois.

Il fallait que Mr. Carter arrachât leur secret aux dernières sépultures, introuvables, mais il était sur le point de se décourager quand, en novembre 1923, déambulant, il heurta du pied un petit fragment de marbre surgissant de la route même. Il s'arrêta, examina, gratta le sol ; une marche apparut, puis deux, puis trois. L'excavation fut approfondie, et Mr. Carter se trouva devant une porte. N'était-ce pas le tombeau royal de ses rêves?

Aussitôt, Mr. Carter télégraphia à lord Carnavon, qui, de Londres, manda qu'il arrivait par le paquebot le plus rapide. L'égyptologue eut la patience de l'attendre ; enfin tous deux firent briser la porte de briques, et alors, m'a dit mon témoin, après « l'éclatement » d'un nuage d'air et de poussières viciées, tous deux eurent un éblouissement : à la lueur des lampes électriques, l'or, les mosaïques étincelaient partout, à terre, aux murailles, au plafond. C'était bien la dernière demeure d'un souverain, de Tut-Ek-Amon.

Quatre mois furent employés au déblaiement minutieux et respectueux des trois chapelles ; le sarcophage occupait le milieu de la dernière, avec son ensemble ornemental merveilleusement préservé par ce fait que, le tombeau étant creusé sous une route et non au flanc de la colline, comme les autres, les vagabonds et les passants en avaient perdu de vue les traces extérieures, nivelées.

❧

L'ouverture du tombeau. C'est dans ces conditions qu'eut lieu, le 3 avril 1924, l'ouverture du sarcophage. Mon témoin me l'a narrée avec une émotion communicative : onze Européens étaient présents, dont Lord Carnavon, qui mourut ce printemps-là même, d'un mal soudain, que d'aucuns déclarèrent mystérieux, vengeance du mort... C'étaient les chefs de toutes les missions étrangères. Mr. Carter fit soulever le couvercle du cercueil d'or qu'on avait dégagé du bitume ; les assistants avaient la tête pieusement découverte et, anxieux, tremblants, attendaient... La main de Mr. Carter découvrirait-elle des débris de momie quelconque (car les pillards ont changé, souvent, les momies) ou le corps du Roi? Enfin la main toucha un paquet d'étoffe brune, qui se « volatilisa » à l'air, et on fut renseigné : c'était Tut-Ek-Amon, inviolé, quoique en mauvais état, parce que l'embaumage et l'entoilage avaient été faits précipitamment.

On referma les cercueils, on photographia, on scella, et l'univers fut avisé de la trouvaille, dont on catalogua les éléments artistiques, bijoux et le reste, les kilos et les kilos d'or massif et travaillé.

C'est alors que l'affaire prit un cours sur lequel il est inutile d'insister : la badauderie et l'avidité apparurent. On voulait que Mr. Carter fît, devant des notabilités mondaines — et féminines — du Caire et d'ailleurs, une seconde ouverture du sarcophage ; mais, avec un sentiment très estimable des plus élémentaires convenances, il s'y refusa et se retira dans la petite maison qu'il habite, à l'entrée de la Vallée des Rois... Le gouvernement égyptien réclama le trésor pour son musée. Le *Times*, de son côté, soulevait des disputes de presse regrettables parce que, ayant versé 1 000 livres à la souscription pour les fouilles, il réclamait le monopole des informations. Bref, ce fut une période de compétitions et d'ambitions pour le moins regrettable.

On y a mis clôture en cadenassant la porte de la tombe, qui est située vers le milieu de la Vallée, de telle façon que, lorsqu'ils arrivent devant une grille de bois, les touristes n'aperçoivent qu'un trou ; au-dessus, un chantier et le lit de sangle du gardien ; une inscription : *Tut-Ek-Amon*. Le roi a repris son sommeil. Cependant, on l'a palpé, photographié, voire radiographié si minutieusement qu'on affirme qu'il est mort de phtisie. *Vanité des vanités !...*

CHAPITRE IV

LA POLITIQUE ANGLO-ÉGYPTIENNE

Le Caire, fin mars.

Voici encore un peuple qui a la prospérité et le calme au bout de ses bras travailleurs et robustes et qui, comme la Grèce, ne peut mettre en équilibre son caractère ancestral et ses aspirations vers le progrès.

La Grèce souffre de sa logomachie et du voisinage de la Turquie, haïe ; l'Égypte souffre de sa stagnation intellectuelle et du contact que ses classes élevées subissent impatiemment, avec une des nations, l'Angleterre, auxquelles est dû pour partie son développement social et économique.

De telle sorte que l'Égypte est en proie à une double crise, intérieure et extérieure, et on peut craindre, pour elle, les affres et les malheurs de prochaines révolutions.

⁕

Nationalisme et xénophobie. Du premier point de vue, il ne me sied pas de me préoccuper ici longuement. J'ai, sans aucun doute, dans l'esprit, les éléments d'un jugement, fondé sur maintes lectures et

conversations ; mais j'ai toujours estimé qu'en leurs dépla-
cements vers des pays étrangers les hommes politiques
doivent garder une sage réserve, car trop de menus faits,
qui ont de l'importance peut-être, leur échappent ; cependant quelques traits généraux se détachent de l'efferves-
cence des partis locaux.

Ainsi, il est déplorable que l'Égypte, pour laquelle la
France a largement dépensé.le temps, l'argent, la science
de ses ingénieurs et de ses savants, lui en soit assez peu
reconnaissante pour l'englober dans la véritable *xénophobie*
qu'elle dénomme son *nationalisme*.

Que l'Égypte instruite et éclairée souhaite de recouvrer
son indépendance absolue, rien de mieux, rien de plus con-
forme aux idées françaises, qui excluent — on ne saurait
trop le redire — toute visée impérialiste, où que ce soit
dans le monde. C'est une vérité qui s'applique d'autant
plus à l'Égypte que, depuis 1881 (et la question fut alors,
et depuis, très controversée en France), notre nation a
renoncé diplomatiquement, solennellement, à toutes visées
sur l'Égypte.

Mais il est indéniable, à l'heure actuelle, que le nationalisme qui sévit sur cette terre s'exerce, en public, injuste-
ment contre la France. Je souligne le mot « indéniable » ;
j'ai sous les yeux un dernier manifeste de Zaghoul-Pacha,
lancé en décembre dernier ; il contient des accusations,
voire des apostrophes, injurieuses à notre endroit.

D'un autre côté, le ton de la majorité des journaux est
pareil. Je lis, notamment, aujourd'hui, les titres suivants
dans un quotidien du Caire : *La guerre en Syrie va entrer*

dans sa phase la plus violente ; M. de Jouvenel est déçu ;
le prestige des Français s'est beaucoup amoindri. Et, en
dessous, la nouvelle du massacre de cinq cents soldats
français.

Pure méchanceté, pure invention ; j'arrive de Beyrouth,
et aucun événement analogue ne s'y est produit ; une des
trop rares dépêches Havas affirme, au contraire, que les
relations par chemin de fer avec Damas continuent. Cette
sottise journalistique, sans intérêt pour un doyen de la car-
rière, n'est malheureusement pas isolée ; des télégrammes,
qui portent Londres comme lieu d'envoi, et qui sont l'œuvre
de correspondants *allemands,* dont je reparlerai, ont les
mêmes honneurs de manchettes sensationnelles.

Il y a, sans doute, une contre-partie à ces fâcheuses
exagérations ou erreurs voulues ; des journaux égyptiens
conservent une liberté de jugement et une loyauté pro-
fessionnelle auxquelles je dois rendre hommage, mais, en
France, nous avons soin de nous abstenir de semblables
incartades et nous laissons les nationalistes égyptiens
« faire leurs affaires » propres et tendre à leurs buts sans
les couvrir de fausses nouvelles et de commentaires mal
intentionnés.

La politique cordiale et réservée suivie par notre très
distingué ministre au Caire, M. Gaillard, en est la preuve.
Il faut reconnaître équitablement que le Roi a la même
attitude vis-à-vis de notre représentant.

Mais j'ajoute que, tout en dédaignant que la politique
nationaliste égyptienne prenne ce tour, dans une partie
de la presse au moins, nous sommes obligés de protester

contre le fait que les mensonges, qui courent le monde, concernant la Syrie, naissent ou prennent corps ici. Les attaques contre notre *mandat syrien* sont aussi fréquentes qu'ingénieusement imaginées. Nous avons le devoir d'y insister, une fois pour toutes, afin que notre opinion ne soit pas troublée et égarée par des télégrammes de provenance « égyptienne » ; nous savons désormais ce qu'ils valent et ce qu'ils signifient.

Cela étant écrit, par la plume d'un membre du Parlement français et d'un journaliste auquel ces études extérieures sont coutumières, nous souhaitons, nous, que l'Égypte sorte à son avantage des difficultés où son gouvernement actuel se débat.

Elles sont considérables ; la *copie* qui a été faite par l'Égypte d'un organisme politique européen ne paraît pas s'appliquer aisément à un pays où l'émiettement des partis est si complexe et où, à côté d'une élite universitaire (de formation française), la masse de la population, villes et campagnes, est encore très en arrière des droits dont on prétend qu'elle jouisse.

On a créé, de toutes pièces, ministères, administrations, parlementarisme égyptien, ce qui n'a pas calmé ou satisfait le nationalisme, lequel estime qu'un assez fort lot du pouvoir ne lui a pas été confié ; il en revendique la totalité, pour les siens, qui en jouiraient à leur avantage personnel et qui dirigent de furibondes attaques contre les libéraux constitutionnels — et d'autres factions — coupables, à leurs yeux, de ne pas pousser assez avant et assez vite la conquête de l'indépendance égyptienne.

LOUQSOR. — Statue de Ramsès II.

L'avenue des Béliers à Karnak.

8

Dans les ruines d'un temple, près d'Assaouan.

Temple de Philé (avant les crues du Nil).

ASSAOUAN. — Hôtel sur le Nil.

On a formé un Sénat, moitié nommé par le Gouvernement, moitié élu au suffrage restreint ; on a décrété le suffrage universel, ce qui ne me déplairait pas si le *fellah* en mesurait les répercussions graves ; on va procéder, en mai, à des élections générales de députés, car on a déjà dissous deux Chambres, dont la seconde a siégé pendant une demi-journée ; bref, c'est un « saut dans l'inconnu ». Tenons-nous à cette constatation en toute sympathie.

La politique anglaise. Il en va différemment de la situation réciproque de l'Angleterre et de l'Égypte. En ce qui la concerne, la pleine lumière crève les yeux : l'Angleterre cherche à reprendre d'une main, par morceaux ou entièrement, ce qu'elle a donné de l'autre. Elle suit cette voie, qui est droite pour elle, parce que ses intérêts commerciaux sont en jeu ; or, là-dessus, l'Angleterre ne badine pas.

Souci d'argent, business, aussi bien qu'impérialisme, les deux idées s'associent constamment, pour tout dirigeant, pour tout citoyen britannique.

Le fond de la querelle, rouverte entre les deux gouvernements, c'est le *coton*, aliment essentiel des usines anglaises. Pour l'apercevoir, il faut se reporter aux conditions de l'accord qui, il y a cinq ans, a réglé les rapports entre les deux nations.

A l'Égypte, l'Angleterre concédait le régime politique

qui lui sourirait et dont elle affectait de ne plus se préoccuper, encore qu'elle gardât, dans le pays, un haut commissaire. Mais quatre questions étaient en suspens et devaient
recevoir une solution plus tard, au premier jour. La plus
importante était celle du régime du *coton* au Haut-Soudan,
autant que son développement, son transport, etc., dépen-
draient de l'Égypte « émancipée ».

Or, sur ce point capital, une entente n'a jamais été
conclue ; on a tergiversé, des deux côtés, l'Angleterre attendant, visiblement, de savoir si la nation égyptienne pren-
drait bientôt son aplomb et de quelle façon, attendant
également de préciser quels seraient ses désirs et besoins
propres.

L'heure semble venue de prendre des résolutions : le
commerce anglais, dans son ensemble, a subi en Égypte
une forte diminution ; il atteignait, voici trois ans, 55 p. 100
de la statistique économique ; il n'est plus (chiffres officiels)
que de 35 p. 100. Cette réduction, qu'elle porte ou non
entièrement sur le coton du Haut-Soudan, est très inquié-
tante pour la politique générale britannique. Que peut-on
faire pour parer à un si grand danger ?

Là-dessus, s'il y a accord de principe entre Anglais, il y
a désaccord de méthode : manière « douce » ou manière
« forte », dite du parti *colonial* ; en tout cas, une intervention
ou une convention nouvelle s'impose à la vigilance du
gouvernement britannique, et le gouvernement égyptien
ne peut pas ne pas s'en apercevoir avant peu. Dans son
évolution brusquée, à pas de géant, il rencontre un énorme
obstacle, cette persistance pour le gain, qui est le signe

de la présence britannique sous toutes les latitudes du globe.

Les termes du problème anglo-égyptien sont, en raccourci, posés ci-dessus avec crudité, sans que l'on soit en droit de nous accuser, nous, Français, de malveillance, d'insinuations désobligeantes ou d'ignorance. Nous assistons aux phases d'une lutte plus ou moins apparente, selon les hésitations et les feintes des deux duellistes. Pour notre part, stricte, nous ne demandons rien, qu'un traitement amical.

Prochainement, nous aurons l'occasion de l'éprouver : le traité de commerce franco-égyptien expire en 1927. Il peut être conclu d'après les directives qui nous seraient favorables si, par la suite, nous savions en profiter.

Politique française. Nous sommes, en effet, encore en situation de voir nos nationaux réussir en Égypte. Les Anglais sont en majorité des commerçants, des touristes, avec tout ce qui gravite autour du tourisme ; on m'a affirmé qu'aucun sujet britannique n'est propriétaire de terres importantes (celles-ci appartiennent, pour la plupart, à de grands propriétaires égyptiens, l'homme du peuple demeurant un ouvrier agricole, le fellah, qui est payé environ 6 ou 8 piastres par jour).

Par contre, on m'a cité et j'ai vu des propriétés françaises où règnent l'ordre et le travail régulier et productif. Une plus grande audace d'action, de la part de nos banques, installées au Caire et à Alexandrie, mais toujours étranglées par leurs statuts, se joindrait utilement pour nous aux entreprises individuelles que nos nationaux ont menées à bien. L'Égypte doit être convaincue que la France n'a d'autre intention que celle-là, qui est de s'associer, sans arrière-pensée, à son mieux être matériel et moral.

CHAPITRE V

VERS LE HAUT-SOUDAN

Assaouan, 30 mars.

Une pointe vers le Haut-Soudan était utile pour vérifier
— et confirmer — les observations faites au Caire au sujet
de la fertilité du sol égyptien et aussi de la poussée commerciale que les Anglais font plus haut jusqu'à leur Haut-
Soudan, Assaouan, Ouadi-Halfa. Notre Croisière nous
menait, dans les mêmes conditions de confort, à Assaouan.
300 kilomètres parcourus dans les wagons du type anglo-
hindou, qui circulent de Bombay à Colombo, wagons garnis
de fauteuils d'osier, de larges banquettes et protégés contre
le soleil par un triple jeu de vitres bleues et blanches et de
volets. En plus, des ventilateurs.

C'est qu'en effet, en cette saison, qui s'achève pour le
tourisme (décembre, janvier, février étant les mois de
sédentarisme et d'un farniente délicieux, matin et soir),
la température oscille de 18 à 40 degrés (à l'ombre bien
entendu). Nous avons supporté gaillardement ces 40 degrés
pendant trois journées, aller et retour, et nous ne l'avons
pas regretté, car le spectacle de la campagne et des travaux

agricoles qui la fécondent est souverainement instructif, autant que récréatif.

Il n'y a pas, à la lettre, 100 mètres de sol arable inutilisé, improductif, en bordure du Nil, dont le train suit les sinuosités. Plus loin, la *hammada*, le sable brûlant, avec ses blocs de grès, est parcourue par des troupeaux de bœufs et de chèvres, par des caravanes de chameaux porteurs de balles de canne à sucre, de coton, de produits manufacturés, déjà, à l'état premier, dans des usines construites auprès des principales gares. Dans le rayon cultivable, assez loin même du fleuve, verdoient des palmeraies, des champs soigneusement irrigués par des norias et par des *picotes*, qui sont faites d'une perche plongeant, à son extrémité, en un balancement perpétuel, des godets dans la nappe d'eau, laquelle se trouve à une minime profondeur du sol.

Des fellahs sont penchés sur la terre brune, ocre, verte, par centaines et centaines sur un seul domaine; demi-nus, les hommes, qui lèvent à peine la tête au passage du train, découpent dans l'atmosphère, embuée de chaleur, les silhouettes grêles, rectilignes de leurs ancêtres peints sur les temples. Les villages qu'ils habitent, qui sont du type soudanais, groupés autour de mosquées et de *marabouts*, ne sont guère distants les uns des autres, reliés par des pistes où l'on aperçoit des ribambelles d'animaux à côté desquels des femmes, tout de noir emmitouflées, hâtent le pas. L'Égypte a là le grenier qui doit, malgré toutes secousses politiques, continuer sa véritable force nationale. Et, de son côté, l'Angleterre possède, au delà d'Assaouan, des ressources analogues, auxquelles elle ne renoncera pas, pour leur plus facile adduction vers ses usines et ses marchés européens.

Le problème se pose donc sous le soleil, mieux que dans les livres et les journaux... Quelle solution équitable aura-t-il ? Nous le saurons peut-être à bref délai.

La propa-gande. Le hasard, durant ce court déplacement, m'a mis directement en face d'un autre problème qui m'avait préoccupé au Caire, depuis longtemps dans notre Afrique du Nord et à Paris : il s'agit de la propagande *panislamique* contre l'Incroyant. le Roumi, dont nous avons relevé, de Tunis à Tanger, des signes et des effets indiscutables et désagréables, sinon dangereux.

Nous n'avons cessé de désigner Le Caire, notamment, comme le lieu de rendez-vous des propagandistes qui accourent des quatre coins de l'univers où le Coran est révéré, des Indes Anglaises jusqu'au Rif d'Abd-el-Krim ; effectivement, j'ai pu, cette fois, dans la capitale égyptienne, vérifier cette constatation primordiale : une partie du Croissant est dressée contre la Croix.

Mais, si les musulmans sont de patients et habiles apôtres ambulants de leur foi, l'action proprement dite, « l'action agissante », peut-on dire, n'est pas dans leur tempérament propre ; les modalités européennes, l'envoi de journaux, tracts, images, les organisations de missions et complots doivent être coordonnées et dirigées par « quelqu'un ».

Or, j'ai rencontré, nez à nez, ce « quelqu'un », et c'était, nous suivant dans le train et les hôtels, un couple d'Allemands, — lui, rasé comme un forçat, elle, éléphantesque, et vêtue d'une houppelande, ou robe.

Un ami, qui me les montra, paisibles touristes en apparence, m'a expliqué alors le fonctionnement de la centralisation panislamique telle qu'il la voit régner dans l'Égypte entière, et principalement, peut-être, dans cette région très populeuse, que le va-et-vient des caravanes tient en contact avec les immensités désertiques, vers le Tchad, la Mauritanie, vers la Tripolitaine, la Tunisie, l'Algérie, le Maroc, vers toutes les possessions ou tous les protectorats des Roumis.

Le moteur de ce mouvement si ambitieux *est à Berlin.*

Qu'on ne crie pas à l'obsession, à la haine « du Boche » de la part d'un Français impérialiste, qui ne veut pas oublier, qui n'oublie pas, du reste. Les fils de la conspiration sont repérés, les moindres organes de transmission sont dévoilés. Berlin conduit et subventionne la campagne panislamique, en employant tous les moyens, y compris l'exploration du pays « récepteur », l'Égypte, par ses touristes à l'air inoffensif.

C'est la suite, logique je n'en disconviens pas, de la politique que Guillaume II avait entreprise personnellement, avant la guerre. J'ai rappelé, à Constantinople, sa visite théâtrale, ses portraits, *musulmanisés,* de Sidi Kaiser Wilhelm; on se souvient de sa fanfaronnade de Tanger et du drame d'Agadir... Il est *logique,* encore une fois, que la nation allemande, étouffant dans ses frontières fermées à cause de sa natalité formidable, rêve une colonisation qui lui permette d'essaimer et de reprendre sa vente de camelote.

En conséquence, la propagande colonisatrice allemande a repris une vive intensité, et elle tend les deux mains à tous peuples, à tous croyants, qu'elle sent impatients de secouer le joug actuel, pour lui imposer plus ou moins lourdement le sien.

Il existe donc à Berlin une organisme appelé le *Club Oriental*, qui se charge de besogner partout pour la plus grande Allemagne. L'argent ne lui fait pas défaut ; c'est par ses soins que sont imprimés les ballots de grossières enluminures, montrant un Musulman, au galop, qui coupe des têtes d'Italiens ou de Français. On en a saisi sous les tentes, abandonnées, des Rifains. Ils portaient la mention : *Imprimé au Caire*, mais c'était une malice cousue de fil blanc, car leur aspect typographique décèle une origine germanique. Le Caire n'est pas outillé pour les produire.

Ces imprimés sont acheminés vers l'Égypte, que sa situation géographique, d'abord, rend propre à un travail de coordination de semblables efforts et qui, par ailleurs, groupe tous éléments de mécontentement et de révolte contre l'Européen. L'argent suit ; il tombe dans une caisse secrète qui est remplie, d'autre part, par des sous-criptions mondiales. Au Caire existe une Société dite le *Lien arabique*, qui joue un rôle important, mais qui n'est pas seule à agir.

A ces clubs, se joignent des dons de particuliers. On

connaît un Musulman qui verse des sommes considérables, car les Syriens, individuellement, ou par l'organe de leurs comités d'indépendance, installés au Caire, donnent à leurs revendications la forme *antifrançaise*, au nom du mahométanisme qui serait menacé, opprimé, par l'exercice de notre mandat !... Et, encore, on peut signaler plusieurs autres associations, hindoues, arabes, juives, jeunes-tripolitaines, etc., qui sont enflammées des mêmes sentiments xénophobes.

Enfin, l'œil de Moscou s'est tourné de ce côté, et des envoyés communistes ont fait apparition, à plusieurs reprises, mais ils n'ont pas réussi ou persisté à apporter un concours de quelque valeur. Les Anglais exercent sur eux une surveillance spéciale et les coffrent impitoyablement.

L'Allemagne, officieusement, est le chef d'orchestre de ce concert. J'en donne une *preuve* immédiate (que j'ai déjà fournie à Paris) : quand se produisirent en Syrie les symptômes de nos difficultés d'ordre militaire, quand la colonne Michaud fut décimée, la nouvelle fut transmise en Europe, *viâ* Le Caire sur Londres, par des correspondants de journaux dits « viennois »... Que faisaient-ils là tout d'un coup ? Qui les entretenait et qui les mettait au courant ? Démasqués, ils ont bientôt disparu et ont été remplacés par des correspondants anglais, lesquels, pour alimenter leur presse, sont toujours prêts à télégraphier des colonnes d'*on-dit*. Depuis lors, on n'a pas revu les « Viennois », mais la presse égyptienne ne cesse pas de recevoir d'eux, c'est-à-dire de Berlin, des informations venimeuses ou mensongères.

Le Club Oriental berlinois doit s'en réjouir ; il doit se croire définitivement fort et influent sur la masse musulmane. En quoi il se trompe, car, outre que l'Allemand n'a jamais été psychologue et est, en plus, incapable de causer avec les « indigènes » autrement qu'avec la *schlague*, j'ai la conviction que cette campagne n'aboutira nulle part à une guerre sainte, c'est-à-dire à une levée en masse des musulmans contre les puissances européennes, amies ou protectrices. Abd-el-Krim reçoit par d'autres voies encore argent et munitions et, quant à notre Afrique du Nord, je persiste à faire confiance à sa fidélité. Ce qui ne veut pas dire, au propre, que nous devons nous en désintéresser ; nous sommes avertis.

La première cataracte. En devisant de la sorte, nous avons atteint Assaouan, vers le soir. C'est une station d'hivernage, qui possède un superbe hôtel pour huit cents touristes, à l'endroit le plus pittoresque, au bord du Nil. La salle à manger, peinte en rouge et blanc, représente une grande salle de mosquée, et les fenêtres des chambres ont vue sur des rochers noirs que le Nil baigne. Vision de sauvagerie chaotique, qui s'épand au delà des roches et du fleuve, sur les dunes sans fin.

Dans le bazar, aux rues tortueuses, on achète des pacotilles d'armes soudanaises et des crocodiles, empaillés. Petite promenade à chameau dans les sables... Dîner en smoking, comme partout.

Le matin, promenade en barques à la seconde cataracte, qu'un ingénieur anglais a muée en un chef-d'œuvre de mécanique. Un regard sur le temple de Philé, qui est à moitié rongé par les crues... Et c'est l'heure du train de retour... Trente-six heures de wagon : Louqsor, Le Caire, Alexandrie.

Le bateau des Messageries Maritimes nous attend, mais ce n'est pas sans peine que nous y montons. Il se reproduit, sur le quai, une de ces scènes de piraterie officielle qui rendent pénibles certaines minutes de ce beau voyage : l'assaut des porteurs de bagages et les exigences d'on ne sait quel service public, qui réclame à chacun des sommes variant entre 50 et 70 francs, pour droits de *sortie* et de santé.

Baschich, baschich, c'est le lamento de cet Orient, de cette Afrique qui est encore, sur trop de points, bien éloignée de notre civilisation, à laquelle elle prétend âprement.

Le *Pierre-Loti* est sous pression. En route, d'une traite, pour Marseille et la douce France ; que tant d'avatars, d'enthousiasmes sincères et de petites déceptions nous font aimer davantage.

A bord du *Pierre-Loti,* le 1ᵉʳ avril 1926.

823-5-26. — CORBEIL. IMPRIMERIE CRÉTÉ

www.ingramcontent.com/pod-product-compliance
Lightning Source LLC
LaVergne TN
LVHW021155050726
842519LV00002B/629